Rund um Novellen

Kopiervorlagen für die Klassen 8 bis 13

Erarbeitet von
Catharina Banneck, Benedikt Engels, Alexander Joist und
Christoph Schappert

Redaktion: Christine Hehle, Wien
Bildrecherche: Angelika Wagener

Illustration: Petra Ballhorn, Berlin
Umschlaggestaltung: Ungermeyer, Berlin, unter Verwendung eines Fotos von Colourbox.com
Technische Umsetzung: FKW, Berlin

www.cornelsen.de

1. Auflage, 1. Druck 2018

Alle Drucke dieser Auflage sind inhaltlich unverändert und können im Unterricht
nebeneinander verwendet werden.

Druck: H. Heenemann, Berlin

ISBN 978-3-06-200271-7

Inhaltsverzeichnis

Die Novelle und ihre Merkmale I (Sekundarstufe I)

Die Novelle und ihre Merkmale II (Sekundarstufe II)

Novellen des 19. Jahrhunderts (Sekundarstufe I)

Inhaltsverzeichnis

Novellen des 19. bis 21. Jahrhunderts (Sekundarstufe II)

Inhaltsverzeichnis

Übersicht: Texte, Epochen, Zielgruppen, Aufgaben

I: Sekundarstufe I
II: Sekundarstufe II

1: analytisch, deutend, erörternd
2: handlungs- und produktionsorientiert
3: historisch, literaturhistorisch, biografisch

AUTOR/IN UND TEXT	EPOCHE	ZIELGRUPPE		AUFGABEN		
		I	II	1	2	3
Die Novelle und ihre Merkmale I						
Giovanni Boccaccio: Il Decamerone	Renaissance	•		•		
Johann Peter Eckermann: Gespräche mit Goethe in den letzten Jahren seines Lebens	Klassik	•			•	
Ludwig Tieck über die Novelle	Romantik	•		•	•	
Christoph Martin Wieland: Das Hexameron von Rosenhain	Klassik	•		•		
August Wilhelm Schlegel: Vorlesungen über schöne Literatur und Kunst	Romantik	•		•		
Friedrich Spielhagen: Novelle oder Roman?	Realismus	•		•	•	
Meine Novelle – Eine Novelle schreiben		•			•	
Die Novelle und ihre Merkmale II						
Paul Heyse über die Novelle	Realismus		•	•		
Gustav Freytag: Die Technik des Dramas	Realismus		•	•		
Theodor Storm über die Novelle	Realismus		•	•		
Robert Musil: Die Novelle als Problem	Moderne		•	•	•	
Novellen des 19. Jahrhunderts (Sekundarstufe I)						
E.T.A. Hoffmann: Das Fräulein von Scuderi	Romantik	•		•	•	•
Annette von Droste-Hülshoff: Die Judenbuche	Realismus	•		•	•	
Gottfried Keller: Kleider machen Leute	Realismus	•		•	•	
Theodor Storm: Der Schimmelreiter	Realismus	•		•	•	
Heinrich von Kleist: Das Erdbeben in Chili / Theodor Storm: Pole Poppenspäler / Gottfried Keller: Romeo und Julia auf dem Dorfe (Novellenanfänge)	um 1800 / Realismus	•		•	•	•
Novellen des 19. bis 21. Jahrhunderts (Sekundarstufe II)						
Heinrich von Kleist: Die Marquise von O…	um 1800		•	•	•	
Heinrich von Kleist: Das Erdbeben in Chili	um 1800		•	•	•	•
Gerhart Hauptmann: Bahnwärter Thiel	Naturalismus		•	•	•	•
Arthur Schnitzler: Casanovas Heimfahrt	Moderne		•	•	•	•
Franz Kafka: Die Verwandlung	Moderne		•	•	•	
Günter Grass: Katz und Maus – Hans Magnus Enzensberger: Gutachten über die Novelle „Katz und Maus" von Günter Grass	Nachkriegszeit / 1960er-Jahre		•	•	•	•
Ulrich Tukur: Die Spieluhr	Gegenwart		•	•	•	•
Hartmut Lange: Das Haus in der Dorotheenstraße	Gegenwart		•	•	•	

Vorwort und methodische Hinweise

Dieses Heft bietet sowohl für die Sekundarstufe I als auch für die Sekundarstufe II vielfältige Arbeitsblätter rund um das Thema „Novelle". Mit Hilfe der Kopiervorlagen lassen sich ebenso die Merkmale der Gattung erarbeiten wie die Analyse einzelner Aspekte trainieren und die Interpretation von Novellen aus verschiedenen Epochen üben.

Im ersten und zweiten Teil des Heftes **(Die Novelle und ihre Merkmale I und II)** finden Sie Texte und Aufgabenstellungen, die einen kompakten Überblick über Geschichte und Charakteristika der Novelle ermöglichen. Die Erschließung unterschiedlicher historischer Novellendefinitionen (Goethe, Tieck, Wieland, Schlegel, Spielhagen, Heyse, Storm und Musil) erlaubt eine vielseitige und differenzierte Annäherung an die Gattung. Die Kopiervorlagen für die Sekundarstufe II enthalten komplexere Aufgabenstellungen und regen dazu an, die Novellendefinitionen mit einer ausgewählten Novelle in Beziehung zu setzen und so das theoretisch Erarbeitete an einem literarischen Text zu überprüfen.

Die Arbeitsblätter im dritten Teil des Heftes **(Novellen des 19. Jahrhunderts – Sekundarstufe I)** widmen sich kanonischen Novellen der Romantik und des Realismus. Anhand von Textauszügen von E.T.A. Hoffmann, Heinrich von Kleist, Annette von Droste-Hülshoff, Gottfried Keller und Theodor Storm werden grundlegende literaturwissenschaftliche Verfahren trainiert, wie z.B. die Figurencharakterisierung und die Untersuchung von Figurenkonstellationen, die Analyse von Exposition, Rahmenhandlung und zentralem Konflikt, das Erkennen und Interpretieren von Symbolen, die Analyse von Erzählform und Erzählverhalten und die Erschließung der sprachlichen Mittel. Zudem werden die im ersten und zweiten Teil erarbeiteten Novellenmerkmale im Hinblick auf die konkreten Texte rekapituliert.

Die Aufgabenstellungen decken die wesentlichen Aufgabentypen ab und bieten gleichzeitig abwechslungsreiche Ansätze zum Umgang mit Novellen. So reicht das Spektrum vom textnahen Lesen, Markieren, Strukturieren und Exzerpieren über das Ergänzen von Strukturgrafiken, die Erstellung von Figurensteckbriefen bis hin zum Lösen von (Kreuzwort-)Rätseln, zum Fortsetzen von Texten und Verfassen eigener Texte sowie zum szenischen Spiel.

Im vierten Teil **(Novellen des 19. bis 21. Jahrhunderts – Sekundarstufe II)** werden zwei Novellen von Heinrich von Kleist und sechs Novellen aus Naturalismus, Moderne, Nachkriegszeit und Gegenwart (Gerhart Hauptmann, Arthur Schnitzler, Franz Kafka, Günter Grass, Ulrich Tukur und Hartmut Lange) auf dem Anforderungsniveau der Sekundarstufe II behandelt. Im Unterschied zum dritten Teil wird in den meisten Fällen die Kenntnis der gesamten Novelle vorausgesetzt. Das Aufgabenspektrum wird um rezeptionsgeschichtliche und literaturhistorische Aspekte erweitert, Fragen der Intertextualität und Intermedialität sowie komplexere Interpretationsaufgaben und Textvergleiche kommen in den Blick.

Zusätzlich zum Inhaltsverzeichnis ermöglicht die Übersicht auf Seite 6 eine rasche Orientierung bezüglich der Zielgruppen und Aufgabentypen der jeweiligen Arbeitsblätter.

Die Kopiervorlagen können unabhängig voneinander bearbeitet oder zu Unterrichtsreihen, etwa zu einem bestimmten Lektüretext oder zu einem speziellen Analyseaspekt, kombiniert werden.

Wie alles begann …

„Novelle" kommt vom italienischen Wort „novella"; das bedeutet „kleine Neuigkeit". Die ersten Novellendichtungen entstanden in Italien. Die bekannteste ist der zwischen 1349 und 1353 entstandene Novellenzyklus „Il Decamerone" von Giovanni Boccaccio. In einem Landhaus in den Hügeln von Florenz finden sich sieben Frauen und drei junge Männer zusammen, die vor der Pest aus Florenz geflohen sind. Sie bestimmen für jeden Tag eine Königin oder einen König, die/der ein Thema vorgibt, zu dem alle Anwesenden eine kurze Geschichte erzählen sollen.

Giovanni Boccaccio: Il Decamerone (1349–1353)

Nicht lange nach der Nona erhob sich die Königin und ließ die übrigen Damen und die jungen Männer wecken mit der Bemerkung, ein gar so langer Schlaf während des Tages sei der Gesundheit nicht zuträg-
5 lich. So fanden sich alle auf einem kleinen Rasenplatze ein, der mit hohem, grünem Gras bedeckt und von allen Seiten gegen die Strahlen der Sonne geschützt war. Hier, wo ein frisches Lüftchen sich regte, ließ sich die ganze Gesellschaft auf Wunsch
10 der Königin im Kreise auf dem schönen Rasen nieder, und sie begann folgendermaßen: „Ihr seht, wie hoch die Sonne am Himmel steht und wie drückend die Hitze ist! […] Hier ist es frisch und angenehm, und wie ihr seht, stehen Brett- und Schachspiele
15 bereit, sodass jeder sich nach Gefallen vergnügen kann. Wenn ihr aber auf mich hört, so wollen wir nicht spielen, da das Spiel stets einen Partner betrübt […]. Wir wollen vielmehr die heißen Stunden des Tages damit verbringen, uns Geschichten zu erzählen. Es wird der ganzen Gesellschaft Spaß machen 20 anzuhören, was ein jeder zu erzählen weiß. […]" Alle Damen und Herren erklärten sich mit dem Erzählen einverstanden. „Nun gut", sagte die Königin, „wenn es euch recht ist, so soll es an diesem ersten Tag jedem freistehen, das zu erzählen, was ihm am 25 besten gefällt." Danach bat sie Panfilo, der ihr zur Rechten saß, freundlich, mit einer seiner Geschichten den Anfang zu machen. Und Panfilo begann auf ihre Bitte hin sofort zu erzählen, während alle ihm zuhörten. 30

Giovanni Boccaccio, Das Dekameron. Erster bis Fünfter Tag. Übersetzt von Ruth Macchi. Aufbau Verlag, Berlin, Weimar 1971, S. 38 f.

Aufgaben

1. Gib den Text in deinen eigenen Worten wieder. Warum entscheidet sich die Gruppe dafür, Geschichten zu erzählen?

2. Das „Decamerone" ist ein Novellenzyklus. Die einzelnen Novellen, die von den Teilnehmenden erzählt werden, werden durch die Rahmenerzählung verbunden.
   Überlege, warum Boccaccio diese Rahmenhandlung gewählt hat.

Illustration:
Petra Ballhorn, Berlin

Von „unerhörten Begebenheiten" und „Vorfällen"

Die Gattung „Novelle" kann nicht auf genau benennbare Strukturmerkmale festgelegt werden; dennoch gibt es Merkmale, die vielen novellistischen Texten gemeinsam sind. Auf den folgenden Seiten wirst du die wichtigsten Merkmale kennenlernen.

Johann Peter Eckermann: Gespräche mit Goethe in den letzten Jahren seines Lebens (1827)

Es kam sodann zur Sprache, welchen Titel man der Novelle geben solle; wir taten manche Vorschläge, einige waren gut für den Anfang, andere für das Ende, doch fand sich keiner, der für das Ganze pas-
5 send und also der rechte gewesen wäre. „Wissen Sie was", sagte Goethe, wir wollen es die *Novelle* nen-nen; denn was ist eine Novelle anders als eine sich ereignete unerhörte Begebenheit. Dies ist der eigent-liche Begriff, und so vieles, was in Deutschland
10 unter dem Titel Novelle geht, ist gar keine Novelle, sondern bloß Erzählung oder was Sie sonst wollen."

Johann Peter Eckermann, Gespräche mit Goethe in den letzten Jahren seines Lebens. 1823–1832, Bd. 1. F. A. Brockhaus, Leipzig 1836, S. 319 (Donnerstag Abend, den 29. [25.] Januar 1827).

Aufgaben

1. Goethe nennt Eckermann gegenüber als Hauptmerkmal der Novelle „eine sich ereignete unerhörte Begebenheit". Formuliere einen Dialog zwischen Goethe und Eckermann, in dem dieser Eckermann erläutert, was man unter einer „unerhörten Begebenheit" verstehen kann.

2. Kennst du Texte, auf die die Bezeichnung „Novelle", so wie Goethe sie versteht, zutrifft? Nenne sie und begründe deine Auswahl.

_____

_____

_____

_____

_____

Illustration:
Petra Ballhorn, Berlin

Fortsetzung auf Seite 10

Ludwig Tieck über die Novelle (1829)

Boccaz [Boccaccio], Cervantes und Goethe sind die Muster in dieser Gattung geblieben, und wir sollten billig nach den Vorbildern, die in dieser Art für vollendet gelten können, das Wort Novelle nicht mit
5 Begebenheit, Geschichte, Erzählung, Vorfall, oder gar Anekdote als gleichbedeutend brauchen. […] Eine Begebenheit sollte anders vorgetragen werden als eine Erzählung, diese sich von Geschichte unterscheiden, und die Novelle nach jenen Mustern sich
10 dadurch aus allen andern Aufgaben hervorheben, dass sie einen großen oder kleinern Vorfall in's hellste Licht stelle, der, so leicht er sich ereignen kann, doch wunderbar, vielleicht einzig ist. Diese Wendung der Geschichte, dieser Punkt, von welchem aus sie sich unerwartet völlig umkehrt, und 15 doch natürlich, dem Charakter und den Umständen angemessen, die Folge entwickelt, wird sich der Fantasie des Lesers umso fester einprägen, als die Sache, selbst im Wunderbaren, unter andern Umständen wieder alltäglich sein könnte. So erfahren 20 wir es im Leben selbst, so sind die Begebenheiten, die uns von Bekannten aus ihrer Erfahrung mitgeteilt, den tiefsten und bleibendsten Eindruck machen.

Ludwig Tieck, Vorbericht zur dritten Lieferung. In: Ludwig Tieck's Schriften, 11. Band. G. Reimer, Berlin 1829, S. LXXXV f.

Aufgaben

3. Erläutere, was laut Tieck das Besondere an der Novelle ist. Siehst du Verbindungen zu der Definition Goethes?

4. „So erfahren wir es im Leben selbst, so sind die Begebenheiten, die uns von Bekannten aus ihrer Erfahrung mitgeteilt, den tiefsten und bleibendsten Eindruck machen."
Fallen dir solche Begebenheiten ein, die du selbst erlebt hast oder die deine Freunde oder deine Familie erlebten? Notiere sie.

_____

_____

_____

_____

_____

_____

_____

Cornelsen

Von „wirklichen Welten" und „normalen Menschen"

Christoph Martin Wieland: Das Hexameron von Rosenhain (1803–1805)

Herr M., dem das Los die Unterhaltung der Gesellschaft am vierten Abend aufgetragen hatte, erklärte sich in einem kleinen Prolog: Da er weder ein Geistermärchen noch ein Milesisches[1] Märchen noch
5 irgendeine andre Gattung von aufstellbaren Märchen in seinem Vermögen hätte, so würden die Damen und Herren mit einer kleinen Novelle vorliebnehmen müssen, die er ehmals in einem alten, wenig bekannten spanischen Buche gelesen zu haben vor-
10 gab. Bei einer Novelle, sagte er, werde vorausgesetzt, dass sie sich […] weder im Dschinnistan[2] der Perser […] noch in einem andern idealischen oder utopischen[3] Lande, sondern in unserer wirklichen Welt begeben habe, wo alles natürlich und begreif-
15 lich zugeht und die Begebenheiten zwar nicht alltäglich sind, aber sich doch, unter denselben Umständen, alle Tage allenthalben zutragen könnten. Es sei also von einer Novelle nicht zu erwarten, dass sie (wenn auch alles Übrige gleich wäre) den Zuhörern ebendenselben Grad von Anmutung und Vergnügen 20 gewähren könnte, den man aus glücklich gefundenen oder sinnreich erfundenen und lebhaft erzählten Märchen zu schöpfen pflege.

Christoph Martin Wieland, Das Hexameron von Rosenhain.
In: C. M. Wieland's sämmtliche Werke, 38. Band. Georg Joachim
Göschen, Leipzig 1805, S. 172 f.

---

1 milesisch: aus Milet, einer antiken Stadt an der Westküste Kleinasiens, heute Türkei
2 Dschinnistan: Sammlung persischer Feenmärchen, herausgegeben von C. M. Wieland
3 utopisch: nur in der Fantasie möglich

Aufgaben

1. Unterstreiche im Text die Merkmale des Märchens rot, die Merkmale der Novelle blau.

2. Märchen bereiten den Zuhörenden laut Wieland „Vergnügen".
   Welche Funktion könnte die Novelle besitzen?

Illustration:
Petra Ballhorn, Berlin

Fortsetzung auf Seite 12

August Wilhelm Schlegel: Vorlesungen über schöne Literatur und Kunst (1803/04)

Die Novelle kann von ernsten Begebenheiten mit tragischer Katastrophe bis zur bloßen Posse[1] alle Töne durchlaufen, aber immer soll sie in der wirklichen Welt zu Hause sein, deswegen liebt sie auch
5 die ganz bestimmten Angaben von Ort, Zeit und Namen der Personen. Daher muss sie den Menschen in der Regel nach seinem Naturstande nehmen, d. h. mit allen den Schwächen, Leidenschaften und selbstischen Trieben, welche der ungeläuterten Natur anhängen. Sie soll den Weltlauf schildern, wie er ist; 10 sie darf also die Motive im Allgemeinen nicht über Gebühr veredeln.

August Wilhelm Schlegel, Vorlesungen über schöne Litteratur und Kunst, Dritter Teil (1803–1804). Geschichte der romantischen Litteratur, hg. von Jacob Minor. G. J. Göschen, Stuttgart 1884, S. 247 f.

---

1 Posse: lustige, unterhaltsame Begebenheit

Aufgaben

3. Kreuze die richtigen Antworten an und begründe deine Entscheidung mit Hilfe von Schlegels Text.

   ☐ Die Novelle sollte ideale Charaktere besitzen.

   ☐ Besonders ernste Themen sollten in der Novelle behandelt werden.

   ☐ Die Novelle spielt in der wirklichen Welt.

   ☐ Die Novelle zeigt den Menschen mit all seinen Stärken und Schwächen.

   ☐ In der Novelle können sowohl lustige als auch ernste Themen behandelt werden.

   ☐ Die Novelle spielt in einer fantastischen Welt.

4. Überprüfe an einer Novelle deiner Wahl, ob die Eigenschaften, die Schlegel als charakteristisch für die Novelle betrachtet, auf diese Novelle zutreffen.

Cornelsen

Von „interessanten Konflikten" und Wendepunkten

Friedrich Spielhagen: Novelle oder Roman? (1876)

Der Unterschied zwischen Novelle und Roman hat […] schon
viel Kopfzerbrechen verursacht. Indessen, man hat sich im
Ganzen und Großen doch geeinigt und braucht keinen erheb-
lichen Widerspruch zu fürchten, wenn man jenen Unterschied
5 ungefähr so charakterisiert:
„Die Novelle hat es ⬛**1** zu tun, die durch eine ⬛**2** in einen ⬛**3** gebracht werden, wodurch sie gezwungen sind,
sich in ihrer ⬛**4** ."

*Friedrich Spielhagen, Novelle oder Roman? [1876]. In: F. Spielhagen, Beiträge
zur Theorie und Technik des Romans. Staackmann, Leipzig 1883, S. 245.*

Aufgaben

1. Ordne die Textbausteine den Lücken im Text zu.

   ☐ besondere Verkettung der Umstände und Verhältnisse

   ☐ allereigensten Natur zu offenbaren

   ☐ mit fertigen Charakteren

   ☐ interessanten Konflikt

2. Vervollständige die Sätze.

Unter einer besonderen Verkettung von Umständen stelle ich mir vor, dass …
_____

Die allereigenste Natur eines Menschen meint …
_____

Ein fertiger Charakter ist …
_____

Für mich ist ein Konflikt interessant, wenn …
_____

Fortsetzung auf Seite 14

Aufgabe

3. Begründe, welche der beiden Inhaltsangaben, deren Anfänge hier abgedruckt sind, den Inhalt einer Novelle wiedergibt. Nutze dafür die Erkenntnisse, die du aus den Texten von Goethe/Eckermann, Tieck, Wieland, Schlegel und Spielhagen gewonnen hast.

Text 1	Text 2
In […] „Frau Holle" geht es um ein junges, liebenswertes und reines Mädchen, welches von ihrer Stiefmutter vernachlässigt und ausgenutzt wird. […] Während des Putzens einer Spindel passiert dem Mädchen ein Missgeschick, es lässt sie in den heimischen Brunnen fallen. Daraufhin und aus Angst vor der Stiefmutter springt das Mädchen der Spindel hinterher und landet dabei in der Brunnenwelt. Hier muss sie verschiedene Aufgaben bewältigen, um schließlich in die Dienste von Frau Holle eintreten zu dürfen. Bei ihr muss sie Betten ausschütteln und andere Aufgaben im Haushalt erledigen. Viel Zeit geht ins Land, bis das Mädchen Frau Holle um die Heimreise bittet. Da sich das Mädchen bei der Hausarbeit so gut angestellt hat, belohnt es Frau Holle mit einem Goldregen. Zu Hause angekommen und von Neid zerfressen, springt auch die faule Stiefschwester in den Brunnen, damit ihr das gleiche Glück und Gold widerfährt. Auch sie kommt in die Dienste von Frau Holle, stellt sich aber bei der Hausarbeit nicht so gut an und bekommt daher als Lohn statt eines Goldregens einen Pechregen. *© Maerchen-Archiv.de,* *http://www.maerchen-archiv.de/frau-holle.php* *(zuletzt aufgerufen am 6.11.2017).*	Bahnwärter Thiel, ein frommer, gewissenhafter, wortkarger und kräftiger Mann, der zuverlässig und fast ohne Unterbrechungen seit zehn Jahren seinen Dienst verrichtet, heiratet ein Jahr nach dem Tode seiner jungen, zarten Frau eine derbe und kräftige Kuhmagd. Seine erste Frau war im Kindbett gestorben, der Sohn Tobias lebte und entwickelte sich kümmerlich, und als die neue Frau ihrerseits einen kräftigen und gesunden Sohn gebar, wird Tobias zunehmend von ihr geplagt und vernachlässigt. Thiel, den eine tiefe Verehrung an seine verstorbene Frau bindet, verfällt zugleich der triebhaften Kraft seiner neuen Frau und wird mehr und mehr von ihr abhängig. An einem Junimorgen gegen sieben Uhr kommt Thiel aus dem Dienst und entdeckt an seinem Sohn Tobias die Spuren einer Züchtigung. Er sagt nichts. Den Nachmittag verbringt er – wie meistens – mit Tobias im Freien, gibt sich mit der Dorfjugend ab, am liebevollsten aber mit seinem Sohn. Am Abend, schon auf halbem Wege zur Bahnerhütte, bemerkt er, dass er sein Brot vergessen hat, kehrt um und wird Zeuge der Misshandlung seines Sohnes durch die Frau. *Klaus Dautel, Zentrale für Unterrichtsmedien im Internet e. V.,* *http://www.zum.de/Faecher/D/BW/gym/Novellen/hauptman.htm* *(zuletzt aufgerufen am 6.11.2017).*

Meine Novelle – Eine Novelle schreiben

Aufgabe

1. Schreibe deine eigene Novelle. Nutze dafür die Baukästen, in denen du deine Vorüberlegungen notieren kannst.
   Tipp: Überlege dir zunächst die außergewöhnliche Begebenheit, die den Kern der Novelle ausmacht. Du kannst Erlebnisse nutzen, die du selbst, deine Familie oder deine Freunde gehabt haben.

Besondere Begebenheit

Handlungsort und -zeit (Wirklichkeit)

Protagonist/in

Krise/Wendepunkt

Rahmenhandlung

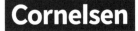

Motiv und Dingsymbolik

Paul Heyse über die Novelle (1871)

Wenn der Roman ein Kultur- und Gesellschaftsbild im Großen, ein Weltbild im Kleinen entfaltet, bei dem es auf ein gruppenweises Ineinandergreifen oder ein konzentrisches Sichumschlingen verschiedener Lebenskreise recht eigentlich abgesehen ist, so hat die Novelle in einem *einzigen* Kreise einen *einzelnen* Konflikt, eine sittliche oder Schicksals-Idee oder ein entschieden abgegrenztes Charakterbild darzustellen und die Beziehungen der darin handelnden Menschen zu dem großen Ganzen des Weltlebens nur in andeutender Abbreviatur[1] durchschimmern zu lassen. Die *Geschichte*, nicht die Zustände, das *Ereignis*, nicht die sich in ihm spiegelnde Weltanschauung, sind hier die Hauptsache; denn selbst der tiefste ideelle Gehalt des einzelnen Falles wird wegen seiner Einseitigkeit und Abgetrenntheit – der Isolierung des Experiments, wie die Naturforscher sagen – nur einen relativen Wert behalten, während es in der Breite des Romans möglich wird, eine Lebens- oder Gewissensfrage der Menschheit erschöpfend von allen Seiten zu beleuchten. Freilich wird es auch hier an Übergangsformen nicht fehlen. […] Eine *starke Silhouette* […] dürfte dem, was wir im eigentlichen Sinne *Novelle* nennen, nicht fehlen, ja wir glauben, die Probe auf die Trefflichkeit eines novellistischen Motivs werde in den meisten Fällen darin bestehen, ob der Versuch gelingt, den Inhalt in wenige Zeilen zusammenzufassen, in der Weise, wie die alten Italiener ihren Novellen kurze Überschriften gaben, die dem Kundigen schon im Keim den spezifischen Wert des Themas verraten. Wer, der im Boccaz [Boccaccio] die Inhaltsangabe der neunten Novelle des fünften Tages liest:

„Federigo degli Alberighi liebt, ohne Gegenliebe zu finden; in ritterlicher Werbung verschwendet er all seine Habe und behält nur noch einen einzigen Falken; diesen, da die von ihm geliebte Dame zufällig sein Haus besucht und er sonst nichts hat, ihr ein Mahl zu bereiten, setzt er ihr bei Tische vor. Sie erfährt, was er getan, ändert plötzlich ihren Sinn und belohnt seine Liebe, indem sie ihn zum Herrn ihrer Hand und ihres Vermögens macht" – wer erkennt nicht in diesen wenigen Zeilen alle Elemente einer rührenden und erfreulichen Novelle, in der das Schicksal zweier Menschen durch eine äußere Zufallswendung, die aber die Charaktere tiefer entwickelt, aufs Liebenswürdigste sich vollendet? Wer, der diese einfachen Grundzüge einmal überblickt hat, wird die kleine Fabel je wieder vergessen, zumal wenn er sie nun mit der ganzen Anmut jenes im Ernst wie in der Schalkheit unvergleichlichen Meisters vorgetragen findet. [–] Wir wiederholen es: Eine so einfache Form wird sich nicht für jedes Thema unseres vielbrüchigen modernen Kulturlebens finden lassen. Gleichwohl aber könnte es nicht schaden, wenn der Erzähler auch bei dem innerlichsten oder reichsten Stoff sich zuerst fragen wollte, wo „der Falke" sei, das Spezifische, das diese Geschichte von tausend anderen unterscheidet.

Paul Heyse, Einleitung. In: Deutscher Novellenschatz,
hg. von P. Heyse und Hermann Kurz, Erster Band. R. Oldenbourg,
München 1871, S. XVII–XX.

---

1 Abbreviatur: Abkürzung

Aufgaben

1. Paul Heyse vergleicht die Novelle mit dem Roman. Nennen Sie die Unterschiede beider Gattungen und ergänzen Sie dafür die folgende Tabelle.

Roman	Novelle

2. Überprüfen Sie an einer Novelle Ihrer Wahl, ob sich dort ein „Falke" findet, etwas, was „diese Geschichte von tausend anderen unterscheidet" (Z. 58 f.).

Die „Schwester des Dramas"

Gustav Freytag: Die Technik des Dramas (1890)

Das Drama stellt in einer Handlung durch Charaktere, vermittelst Wort, Stimme, Gebärde diejenigen Seelenvorgänge dar, welche der Mensch vom Aufleuchten eines Eindrucks bis zu leidenschaftlichem
5 Begehren und zur Tat durchmacht, sowie die inneren Bewegungen, welche durch eigene und fremde Tat aufgeregt werden. [–] Der Bau des Dramas soll diese beiden Gegensätze des Dramatischen zu einer Einheit verbunden zeigen […].
10 Durch die beiden Hälften der Handlung, welche in einem Punkt zusammenschließen, erhält das Drama – wenn man die Konstruktion durch Linien verbildlicht – einen pyramidalen Bau. Es steigt von der Einleitung mit dem Zutritt des erregenden Moments bis zu dem Höhenpunkt und fällt von da bis zur 15 Katastrophe. Zwischen diesen drei Teilen liegen die Teile der Steigerung und des Falles. Jeder dieser fünf Teile kann aus einer Szene oder aus einer gegliederten Folge von Szenen bestehen, nur der Höhenpunkt ist gewöhnlich in einer Hauptszene zu- 20 sammengefasst. [–] Diese Teile des Dramas, a) Einleitung, b) Steigerung, c) Höhenpunkt, d) Fall oder Umkehr, e) Katastrophe, haben jeder Besonderes in Zweck und Baueinrichtung.

Gustav Freytag, Die Technik des Dramas. 6., verbesserte Aufl. Hirzel, Leipzig 1890, S. 93 und 102.

Aufgaben

1. Ordnen Sie zu.

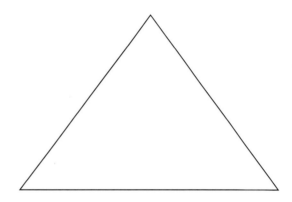

> Erregendes Moment
>
> Katastrophe
>
> Höhenpunkt
>
> Einleitung
>
> Fall

2. Erläutern Sie, welche „Seelenvorgänge" laut Freytag durch die Charaktere in einer Handlung dargestellt werden. Ordnen Sie diese Seelenvorgänge, soweit möglich, den Teilen des Dramas zu.

Theodor Storm über die Novelle

Die […] Novelle ist die Schwester des Dramas und die strengste Form der Prosadichtung. Gleich dem Drama behandelt sie die tiefsten Probleme des Menschenlebens; gleich diesem verlangt sie zu ihrer
5 Vollendung einen im Mittelpunkt stehenden Konflikt, von welchem aus das Ganze sich organisiert, und demzufolge die geschlossenste Form und die Ausscheidung alles Unwesentlichen […].

Theodor Storm, Eine zurückgezogene Vorrede aus dem Jahre 1881. In: Theodor Storms sämtliche Werke in acht Bänden, hg. von Albert Köster. Insel, Leipzig 1920, Band 8, S. 122 f.

Aufgaben

3. Erläutern Sie, welche Gemeinsamkeiten Storm zwischen der Novelle und dem Drama sieht.

4. Überprüfen Sie an einer Novelle Ihrer Wahl, ob die von Storm geforderten Merkmale auf diese zutreffen.

„Kleine Romane" oder „Bruchstücke"

Robert Musil: Die Novelle als Problem (1914)

Ein Erlebnis kann einen Menschen zum Mord treiben, ein anderes zu einem Leben fünf Jahre in der Einsamkeit; welches ist stärker? So, ungefähr, unterscheiden sich Novelle und Roman.

Aufgabe

1. Welches Erlebnis wird in einer Novelle verschriftlicht? Eines, das einen Menschen zum Mord treibt, oder eines, welches ihn zu fünf Jahren Einsamkeit verdammt? Begründen Sie Ihre Entscheidung.

5 Eine plötzliche und umgrenzt bleibende geistige Erregung ergibt die Novelle; eine langhin alles an sich saugende den Roman. […] Aber selbstverständlich erfordert der normale Betrieb auch eine andre Betrachtung. Dichtungen sind nur in einer Wurzel 10 Utopien, in einer andern aber wirtschaftliche und soziale Produkte. Sie haben nicht nur Pflichten, sondern sind Fakten, und die Pflichten haben sich mit ihnen abzufinden. Man schreibt Dramen, Romane, Novellen und Gedichte, weil es diese Kunstformen 15 nun einmal gibt, weil Nachfrage besteht und weil sie sich zu vielem eignen. Kunstformen kommen auf und vergehn, wie das Versepos; und nur bis zu einem gewissen Grad ist das Ausdruck innerer Notwendigkeiten. In ästhetischen Fragen steckt oft 20 mehr Praxis und gemeine Notwendigkeit, als man denkt. Und wie man mit Interesse auf kleine schöne Erlebnisse, auf Tagebuchnotizen, Briefe und Einfälle zurückblickt und wie im Leben nicht nur die größten Spannungen Wert haben, so schreibt man Novellen. Sie sind eine rasche Form des Zugreifens. Und 25 man darf nicht übersehn, dass von den starken Eindrücken der Literatur viele aus solchen Novellen kommen, und muss es ihnen danken. Sie sind oft kleine Romane oder in Bruchstücken skizzierte oder Hinwürfe irgendeiner Art, die nur im Wesentlichen 30 ausgeführt sind. Ihr Wesentliches kann in Symptomhandlungen eines Menschen liegen oder in solchen seines Dichters, in Erlebnissen, in der Silhouette eines Charakters oder eines Schicksalsablaufs, die für sich zur Darstellung reizt, und vielen kaum zu- 35 sammenzählbaren Möglichkeiten. Es kann Wundervolles darunter sein und eben noch Hinlängliches; die kleinste Schönheit legitimiert schließlich auch noch das Ganze. Außer dem Zwang, in beschränktem Raum das Nötige unterzubringen, bedingt kein 40 Prinzip einen einheitlichen Formcharakter der Gattung. Hier lebt das Reich nicht der notwendigen, wohl aber der hinreichenden Gründe. Wie man über die Versuche zu denken hat, statt von der Erlebnisbedeutung von den ästhetischen Wundern der No- 45 velle zu sprechen, von der Knappheit, dem Glück der Kontur, dem Zwang zur Tatsächlichkeit oder zur Wahl eines repräsentativen Augenblicks und ähnlichem solchen – neben das Menschliche gestellt – künstlerischen Mittler- und Maklerglück, das ihre 50 Stellung bezeichnen soll, braucht nach all dem nicht gesagt zu werden.

Robert Musil, Literarische Chronik. Die Novelle als Problem.
(Die Neue Rundschau, August 1914.) In: R. Musil, Essays, Reden,
Kritiken, hg. von Anne Gabrisch. Volk und Welt, Berlin 1984
(Lizenz Rowohlt, Reinbek bei Hamburg 1978), S. 113–115.

Aufgaben

2. Arbeiten Sie heraus, was Musil als wesentlich für die Novelle betrachtet.
   Sehen Sie Gemeinsamkeiten und/oder Unterschiede zu anderen Ihnen bereits
   bekannten Definitionen?

3. Nehmen Sie auf Basis des Textes und Ihres Vorwissens Stellung zu folgender Aussage Musils:
   „In ästhetischen Fragen steckt oft mehr Praxis und gemeine Notwendigkeit, als man denkt"
   (Z. 19–21).
   Stimmen Sie ihm zu oder sind Sie anderer Meinung? Begründen Sie.

E.T.A. Hoffmann: Das Fräulein von Scuderi (I) –
Die Exposition analysieren

E.T.A. Hoffmann (1776–1822) ist der Meister der Schauerromantik. Sein Werk handelt von den dunklen Seiten des Menschen und den Abgründen der Seele. Es erzählt von einer Welt der Grausamkeit und des Wahnsinns, die bevölkert ist von Doppelgängern und besessenen Künstlern. Die 1820 erschienene Novelle „Das Fräulein von Scuderi" gilt als erste deutsche Detektivgeschichte.

E.T.A. Hoffmann: Das Fräulein von Scuderi (1820)

In der Straße St. Honoré war das kleine Haus gelegen, welches Magdaleine von Scuderi, bekannt durch ihre anmutigen Verse, durch die Gunst Ludwig des XIV. und der Maintenon, bewohnte.

5 Spät um Mitternacht – es mochte im Herbste des Jahres 1680 sein – wurde an dieses Haus hart und heftig angeschlagen, dass es im ganzen Flur laut widerhallte. – Baptiste, der in des Fräuleins[1] kleinem Haushalt Koch, Bedienten und Türsteher[2] zugleich

10 vorstellte, war mit Erlaubnis seiner Herrschaft über Land gegangen zur Hochzeit seiner Schwester, und so kam es, dass die Martiniere, des Fräuleins Kammerfrau, allein im Hause noch wachte. Sie hörte die wiederholten Schläge, es fiel ihr ein, dass Baptiste

15 fortgegangen und sie mit dem Fräulein ohne weitern Schutz im Hause geblieben sei; aller Frevel von Einbruch, Diebstahl und Mord, wie er jemals in Paris verübt worden, kam ihr in den Sinn, es wurde ihr gewiss, dass irgendein Haufen Meuter[3], von der

20 Einsamkeit des Hauses unterrichtet, da draußen tobe und, eingelassen, ein böses Vorhaben gegen die Herrschaft ausführen wolle, und so blieb sie in ihrem Zimmer zitternd und zagend und den Baptiste verwünschend samt seiner Schwester Hochzeit.

25 Unterdessen donnerten die Schläge immer fort, und es war ihr, als rufe eine Stimme dazwischen: „So macht doch nur auf um Christus willen, so macht doch nur auf!" Endlich in steigender Angst ergriff die Martiniere schnell den Leuchter mit der bren-

30 nenden Kerze und rannte hinaus auf den Flur; da vernahm sie ganz deutlich die Stimme des Anpochenden: „Um Christus willen, so macht doch nur auf!" „In der Tat", dachte die Martiniere, „so spricht doch wohl kein Räuber; wer weiß, ob nicht gar ein

35 Verfolgter Zuflucht sucht bei meiner Herrschaft, die ja geneigt ist zu jeder Wohltat. Aber lasst uns vorsichtig sein!" – Sie öffnete ein Fenster und rief hinab, wer denn da unten in später Nacht so an der Haustür tobe und alles aus dem Schlafe wecke, in-

40 dem sie ihrer tiefen Stimme so viel Männliches zu geben sich bemühte, als nur möglich. In dem Schimmer der Mondesstrahlen, die eben durch die finstern Wolken brachen, gewahrte sie eine lange, in einen hellgrauen Mantel gewickelte Gestalt, die den

breiten Hut tief in die Augen gedrückt hatte. Sie rief 45 nun mit lauter Stimme, so, dass es der unten vernehmen konnte: „Baptiste, Claude, Pierre, steht auf, und seht einmal zu, welcher Taugenichts uns das Haus einschlagen will!" Da sprach es aber mit sanfter, beinahe klagender Stimme von unten herauf: 50 „Ach! la Martiniere, ich weiß ja, dass Ihr es seid, liebe Frau, so sehr Ihr Eure Stimme zu verstellen trachtet, ich weiß ja, dass Baptiste über Land gegangen ist, und Ihr mit Eurer Herrschaft allein im Hause seid. Macht mir nur getrost auf, befürchtet nichts. 55 Ich muss durchaus mit Eurem Fräulein sprechen, noch in dieser Minute." „Wo denkt Ihr hin", erwiderte die Martiniere, „mein Fräulein wollt Ihr sprechen mitten in der Nacht? Wisst Ihr denn nicht, dass sie längst schläft, und dass ich sie um keinen Preis 60 wecken werde aus dem ersten süßesten Schlummer, dessen sie in ihren Jahren wohl bedarf." „Ich weiß", sprach der Untenstehende, „ich weiß, dass Euer Fräulein soeben das Manuskript ihres Romans, ‚Clelia' geheißen, an dem sie rastlos arbeitet, beisei- 65 te gelegt hat und jetzt noch einige Verse aufschreibt, die sie morgen bei der Marquise de Maintenon vorzulesen gedenkt. Ich beschwöre Euch, Frau Martiniere, habt die Barmherzigkeit, und öffnet mir die Türe. Wisst, dass es darauf ankommt, einen Un- 70 glücklichen vom Verderben zu retten, wisst, dass Ehre, Freiheit, ja das Leben eines Menschen abhängt von diesem Augenblick, in dem ich Euer Fräulein sprechen muss. Bedenkt, dass Eurer Gebieterin Zorn ewig auf Euch lasten würde, wenn sie erführe, dass 75 Ihr es waret, die den Unglücklichen, welcher kam, ihre Hülfe zu erflehen, hartherzig von der Türe wieset." „Aber warum sprecht Ihr denn meines Fräuleins Mitleid an in dieser ungewöhnlichen Stunde, kommt morgen zu guter Zeit wieder", so sprach die 80 Martiniere herab; da erwiderte der unten: „Kehrt sich denn das Schicksal, wenn es verderbend wie der tötende Blitz einschlägt, an Zeit und Stunde? Darf, wenn nur ein Augenblick Rettung noch möglich ist, die Hülfe aufgeschoben werden? Öffnet mir die 85 Türe, fürchtet doch nur nichts von einem Elenden, der schutzlos, verlassen von aller Welt, verfolgt, bedrängt von einem ungeheuern Geschick Euer

19

Fortsetzung auf Seite 20

Fräulein um Rettung anflehen will aus drohender
90 Gefahr!" Die Martiniere vernahm, wie der Untenstehende bei diesen Worten vor tiefem Schmerz
stöhnte und schluchzte; dabei war der Ton von seiner Stimme der eines Jünglings, sanft und eindrin-
gend tief in die Brust. Sie fühlte sich im Innersten
95 bewegt, ohne sich weiter lange zu besinnen, holte
sie die Schlüssel herbei.

*E.T.A. Hoffmann, Das Fräulein von Scuderi. Erzählung aus dem
Zeitalter Ludwigs des Vierzehnten, hg. von Heike Wirthwein.
Reclam, Stuttgart 2015, S. 3–5.*

1 Fräulein: standesgemäße Anrede für eine unverheiratete
  adelige Frau
2 Türsteher: Portier, Hausmeister
3 Meuter: Aufrührer, Diebesgesindel

Aufgaben

1. a) Bildet Gruppen und setzt die Exposition der Novelle in ein szenisches Spiel um,
      das ihr mit Hilfe von Smartphone oder Digitalkamera aufnehmt.
   b) Besprecht eure Verfilmungen und beschreibt deren Wirkung.

2. a) Beschreibe den Spannungsaufbau der Exposition mit Hilfe des folgenden Schaubildes.
      Notiere Stichworte zu den einzelnen Untersuchungsaspekten.

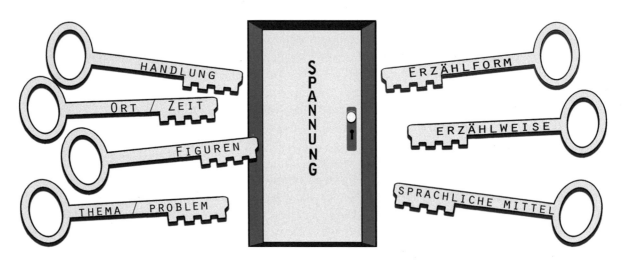

Thema/Problem: Um welches Thema/Problem geht es?

Ort/Zeit: Wann und wo spielt die Geschichte (Schauplatz)? Welche Atmosphäre herrscht vor?
Welche Wirkung haben Ort und Zeit auf den Leser?

Figuren/Figurenkonstellation: Wie sind die Figuren gestaltet (Aussehen, Verhalten, Gedanken,
Gefühle)? In welche Beziehung treten die Figuren zueinander?
Welche Schlüsse lassen sich hinsichtlich der Beweggründe für ihr Handeln ziehen?

Erzählform: Handelt es sich um einen auktorialen (allwissend), personalen (gibt nur die Innenperspek-
tive einer bestimmten Figur wieder) oder neutralen (gibt nur äußere Handlung wieder) Erzähler?

Erzählweise: In welchem Verhältnis stehen Erzählzeit (Zeit, die zum Erzählen benötigt wird) und
erzählte Zeit (Zeit des erzählten Geschehens)? Welche Wirkung hat dies auf die Leserin / den Leser?

Sprachliche Mittel: Wie tragen Satzbau und Wortwahl zur Wirkung des Textes bei?
Welche weiteren Gestaltungsmittel fallen auf und wie ist deren Wirkung?

Handlung: Wovon handelt der Text? Welche Fragen wirft die Einleitung auf? Welche äußere und
innere Handlung wird dargestellt? Was folgt aus der Gewichtung von äußerer und innerer Handlung?

Illustration:
Petra Ballhorn, Berlin

Fortsetzung auf Seite 21

**E.T.A. Hoffmann: Das Fräulein von Scuderi (I) –
Die Exposition analysieren**

Aufgaben

2. b) Werte deine Ergebnisse aus: Welche Wirkung erzielt die Exposition insgesamt?

_____

_____

_____

_____

3. „Das Fräulein von Scuderi" ist eine Novelle der Schauerromantik. Verdeutliche mit Hilfe
   der Information, welche Merkmale dieser literarischen Strömung der Textauszug enthält.

_____

_____

_____

_____

Die Schauerromantik

Die **Schauerromantik** (auch Schwarze Romantik) ist eine Strömung innerhalb der Romantik
(ca. 1795–1840), die sich mit der **dunklen, irrationalen Seite des Menschen** befasst. Es geht
um die Darstellung des Unheimlichen, Dämonischen und Bösen. Die Schauerromantik erzählt von
Wahnvorstellungen, Ängsten und Tod, von Spukschlössern, Ruinen und Friedhöfen, wo sich
Teufelspakte, Wahnsinn und Hysterie ereignen, wo Doppelgänger, Wiedergänger und Besessene
ihr Unwesen treiben. Als bekanntester deutschsprachiger Autor der Schauerromantik gilt
E.T.A. Hoffmann, z. B. mit seiner Erzählung **„Der Sandmann".** Meister der Schauerromantik
(Gothic Novel) gibt es in der englischsprachigen Literatur, z. B. **Edgar Allan Poe** mit seinen
Horrorgeschichten von lebendig begrabenen Personen („Der Untergang des Hauses Usher"),
Mary Shelley mit ihrem Roman **„Frankenstein",** der Geschichte eines künstlichen Menschen,
der zum Mörder wird, oder **Bram Stoker** mit seinem Roman **„Dracula",** der zum Muster aller
Vampirgeschichten wurde.

Cornelsen

E.T.A. Hoffmann: Das Fräulein von Scuderi (II) – Die Hauptfigur untersuchen

Der mysteriöse Mörder, der den Pariser Adel mit seinen Taten in Furcht und Schrecken versetzt, ist der geniale Goldschmied René Cardillac. Kurz bevor er bei einem seiner Mordversuche von einem Adligen in Notwehr getötet wird, vertraut er seinem Gesellen Olivier die Hintergründe seines Doppellebens an.

E.T.A. Hoffmann: Das Fräulein von Scuderi (1820)

Cardillac setzte sich wieder in seinen Arbeitsstuhl. Er trocknete sich den Schweiß von der Stirne. Er schien, von der Erinnerung des Vergangenen hart berührt, sich mühsam zu fassen. Endlich fing er an:
5 „Weise Männer sprechen viel von den seltsamen Eindrücken, deren Frauen in guter Hoffnung fähig sind, von dem wunderbaren Einfluss solch lebhaften, willenlosen Eindrucks von außen her auf das Kind. Von meiner Mutter erzählte man mir eine
10 wunderliche Geschichte. Als *die* mit mir im ersten Monat schwanger ging, schaute sie mit andern Weibern einem glänzenden Hoffest zu, das in Trianon[1] gegeben wurde. Da fiel ihr Blick auf einen Kavalier in spanischer Kleidung mit einer blitzenden Juwelenkette um den Hals, von der sie die Augen gar 15 nicht mehr abwenden konnte. Ihr ganzes Wesen war Begierde nach den funkelnden Steinen, die ihr ein überirdisches Gut dünkten. Derselbe Kavalier hatte vor mehreren Jahren, als meine Mutter noch nicht verheiratet, ihrer Tugend nachgestellt, war aber mit 20 Abscheu zurückgewiesen worden. Meine Mutter erkannte ihn wieder, aber jetzt war es ihr, als sei er

Illustration:
Petra Ballhorn, Berlin

Fortsetzung auf Seite 23

im Glanz der strahlenden Diamanten ein Wesen
höherer Art, der Inbegriff aller Schönheit. Der Kava-
25 lier bemerkte die sehnsuchtsvollen, feurigen Blicke
meiner Mutter. Er glaubte jetzt glücklicher zu sein
als vormals. Er wusste sich ihr zu nähern, noch
mehr, sie von ihren Bekannten fort an einen einsa-
men Ort zu locken. Dort schloss er sie brünstig[2] in
30 seine Arme, meine Mutter fasste nach der schönen
Kette, aber in demselben Augenblick sank er nieder
und riss meine Mutter mit sich zu Boden. Sei es,
dass ihn der Schlag plötzlich getroffen, oder aus
einer andern Ursache; genug, er war tot. Vergebens
35 war das Mühen meiner Mutter, sich den im Todes-
krampf erstarrten Armen des Leichnams zu entwin-
den. Die hohlen Augen, deren Sehkraft erloschen,
auf sie gerichtet, wälzte der Tote sich mit ihr auf
dem Boden. Ihr gellendes Hülfsgeschrei drang end-
40 lich bis zu in der Ferne Vorübergehenden, die her-
beieilten und sie retteten aus den Armen des grausi-
gen Liebhabers. Das Entsetzen warf meine Mutter
auf ein schweres Krankenlager. Man gab sie, mich
verloren, doch sie gesundete und die Entbindung
45 war glücklicher, als man je hatte hoffen können.
Aber die Schrecken jenes fürchterlichen Augenblicks hatten *mich* getroffen. Mein böser Stern war
aufgegangen und hatte den Funken hinabgeschos-
sen, der in mir eine der seltsamsten und verderb-
50 lichsten Leidenschaften entzündet. Schon in der
frühesten Kindheit gingen mir glänzende Diamanten, goldenes Geschmeide über alles. Man hielt das
für gewöhnliche kindische Neigung. Aber es zeigte
sich anders, denn als Knabe stahl ich Gold und Ju-
55 welen, wo ich sie habhaft werden konnte. Wie der
geübteste Kenner unterschied ich aus Instinkt unechtes Geschmeide von echtem. Nur dieses lockte mich,
unechtes sowie geprägtes Gold ließ ich unbeachtet
liegen. Den grausamsten Züchtigungen des Vaters
60 musste die angeborne Begierde weichen. Um nur
mit Gold und edlen Steinen hantieren zu können,
wandte ich mich zur Goldschmiedsprofession. Ich
arbeitete mit Leidenschaft und wurde bald der erste
Meister dieser Art. Nun begann eine Periode, in der
65 der angeborne Trieb, so lange niedergedrückt, mit
Gewalt empordrang und mit Macht wuchs, alles um
sich her wegzehrend. Sowie ich ein Geschmeide
gefertigt und abgeliefert, fiel ich in eine Unruhe, in
eine Trostlosigkeit, die mir Schlaf, Gesundheit –
70 Lebensmut raubte. – Wie ein Gespenst stand Tag
und Nacht die Person, für die ich gearbeitet, mir vor
Augen, geschmückt mit meinem Geschmeide, und

eine Stimme raunte mir in die Ohren: ,Es ist ja
dein – es ist ja dein – nimm es doch – was sollen die
Diamanten dem Toten!' – Da legt ich mich endlich 75
auf Diebeskünste. Ich hatte Zutritt in den Häusern
der Großen, ich nützte schnell jede Gelegenheit,
kein Schloss widerstand meinem Geschick und bald
war der Schmuck, den ich gearbeitet, wieder in meinen Händen. – Aber nun vertrieb selbst das nicht 80
meine Unruhe. Jene unheimliche Stimme ließ sich
dennoch vernehmen und höhnte mich und rief: ,Ho
ho, dein Geschmeide trägt ein Toter!' – Selbst wusste ich nicht, wie es kam, dass ich einen unaussprech-
lichen Hass auf die warf, denen ich Schmuck gefer- 85
tigt. Ja! im tiefsten Innern regte sich eine Mordlust
gegen sie, vor der ich selbst erbebte. – In dieser Zeit
kaufte ich dieses Haus. Ich war mit dem Besitzer
handelseinig geworden, hier in diesem Gemach
saßen wir, erfreut über das geschlossene Geschäft 90
beisammen, und tranken eine Flasche Wein. Es war
Nacht geworden, ich wollte aufbrechen, da sprach
mein Verkäufer: ,Hört, Meister René, ehe Ihr fort-
geht, muss ich Euch mit einem Geheimnis dieses
Hauses bekannt machen.' Darauf schloss er jenen in 95
die Mauer eingeführten Schrank auf, schob die Hin-
terwand fort, trat in ein kleines Gemach, bückte sich
nieder, hob eine Falltür auf. Eine steile, schmale
Treppe stiegen wir hinab, kamen an ein schmales
Pförtchen, das er aufschloss, traten hinaus in den 100
freien Hof. Nun schritt der alte Herr, mein Verkäufer, hinan an die Mauer, schob an einem nur wenig
hervorragenden Eisen, und alsbald drehte sich ein
Stück Mauer los, sodass ein Mensch bequem durch
die Öffnung schlüpfen und auf die Straße gelangen 105
konnte. Du magst einmal das Kunststück sehen,
Olivier, das wahrscheinlich schlaue Mönche des
Klosters, welches ehemals hier lag, fertigen ließen,
um heimlich aus und ein schlüpfen zu können. Es ist
ein Stück Holz, nur von außen gemörtelt und ge- 110
tüncht, in das von außen her eine Bildsäule, auch nur
von Holz, doch ganz wie Stein, eingefügt ist, welches sich mitsamt der Bildsäule auf verborgenen
Angeln dreht. – Dunkle Gedanken stiegen in mir
auf, als ich diese Einrichtung sah, es war mir, als sei 115
vorgearbeitet solchen Taten, die mir selbst noch
Geheimnis blieben. Eben hatt ich einem Herrn vom
Hofe einen reichen Schmuck abgeliefert, der, ich
weiß es, einer Operntänzerin bestimmt war. Die
Todesfolter blieb nicht aus – das Gespenst hing sich 120
an meine Schritte – der lispelnde Satan an mein
Ohr! – Ich zog ein in das Haus. In blutigem Angst-

schweiß gebadet, wälzte ich mich schlaflos auf dem Lager! Ich seh im Geiste den Menschen zu der Tän-
125 zerin schleichen mit meinem Schmuck. Voller Wut springe ich auf – werfe den Mantel um – steige herab die geheime Treppe – fort durch die Mauer nach der Straße Nicaise. – Er kommt, ich falle über ihn her, er schreit auf, doch von hinten festgepackt stoße
130 ich ihm den Dolch ins Herz – der Schmuck ist mein! – Dies getan fühlte ich eine Ruhe, eine Zufriedenheit in meiner Seele, wie sonst niemals. Das Gespenst war verschwunden, die Stimme des Satans schwieg. Nun wusste ich, was mein böser Stern
135 wollte, ich musst ihm nachgeben oder untergehen! – Du begreifst jetzt mein ganzes Tun und Treiben, Olivier! – Glaube nicht, dass ich darum, weil ich tun muss, was ich nicht lassen kann, jenem Gefühl des Mitleids, des Erbarmens, was in der Natur des Menschen bedingt sein soll, rein entsagt habe. Du weißt, 140 wie schwer es mir wird, einen Schmuck abzuliefern; wie ich für manche, deren Tod ich nicht will, gar nicht arbeite, ja wie ich sogar, weiß ich, dass am morgenden Tage Blut mein Gespenst verbannen wird, heute es bei einem tüchtigen Faustschlage 145 bewenden lasse, der den Besitzer meines Kleinods zu Boden streckt, und mir dieses in die Hand liefert.“

E.T.A. Hoffmann, Das Fräulein von Scuderi. Erzählung aus dem Zeitalter Ludwigs des Vierzehnten, hg. von Heike Wirthwein. Reclam, Stuttgart 2015, S. 54–58.

---

1 Trianon: Schloss im Park von Versailles bei Paris
2 brünstig: erregt

Aufgaben

1. a) Welche Zusammenhänge führen dazu, dass Cardillac zum Mörder wird?
Erstelle ein Pfeildiagramm.

> Schwangere Mutter erblickt einen Kavalier mit Juwelenkette

b) Was könnte Olivier auf das Geständnis seines Meisters antworten?
Schreibe den Text in deinem Heft weiter.

2. a) Ist Cardillac eher Täter oder Opfer? Unterstreiche belastende und entlastende Textstellen mit unterschiedlichen Farben.
b) Schreibt auf der Grundlage eurer Vorarbeiten zum einen eine Anklageschrift des Staatsanwaltes, zum anderen das Plädoyer des Verteidigers. Einigt euch, wer welche Rolle übernimmt, und schreibt die Texte in euer Heft.
c) Lest eure Schriftstücke vor und stimmt anschließend – in der Rolle des Richters – darüber ab, ob Cardillac voll schuldfähig und damit als Täter für sein Handeln verantwortlich ist oder ob er als Opfer auf mildernde Umstände hoffen kann.

Annette von Droste-Hülshoff: Die Judenbuche (I) – Die Bedeutung der Familienkonstellation verstehen

Der Titel der Novelle von Annette von Droste-Hülshoff (1797–1848) bezieht sich auf das Dingsymbol, eine Buche, die zum Schauplatz von schauerlichen Verbrechen wird. Die Geschichte spielt im 18. Jahrhundert in einem westfälischen Dorf. Die Hauptfigur ist Friedrich Mergel, der früh auf die schiefe Bahn gerät. Er wächst in einem schwierigen sozialen Umfeld auf. Die Ehe der Eltern ist lieblos, der Vater Hermann ist Säufer und Holzdieb. Der folgende Textabschnitt beschreibt ein einschneidendes Ereignis in Friedrichs Leben.

Annette von Droste-Hülshoff: Die Judenbuche (1842)

Das zweite Jahr dieser unglücklichen Ehe ward mit einem Sohne – man kann nicht sagen – erfreut; denn Margreth soll sehr geweint haben, als man ihr das Kind reichte. Dennoch, obwohl unter einem Herzen
5 voll Gram getragen, war Friedrich ein gesundes, hübsches Kind, das in der frischen Luft kräftig gedieh. Der Vater hatte ihn sehr lieb, kam nie nach Hause, ohne ihm ein Stückchen Wecken[1] oder dergleichen mitzubringen, und man meinte sogar, er sei
10 seit der Geburt des Knaben ordentlicher geworden; wenigstens ward das Lärmen[2] im Hause geringer.
Friedrich stand in seinem neunten Jahre. Es war um das Fest der Heiligen Drei Könige[3], eine harte, stürmische Winternacht. Hermann war zu einer
15 Hochzeit gegangen und hatte sich schon beizeiten auf den Weg gemacht, da das Brauthaus dreiviertel Meilen entfernt lag. Obgleich er versprochen hatte, abends wiederzukommen, rechnete Frau Mergel doch umso weniger darauf, da sich nach Sonnenun-
20 tergang dichtes Schneegestöber eingestellt hatte. Gegen zehn Uhr schürte sie die Asche am Herde zusammen und machte sich zum Schlafengehen bereit. Friedrich stand neben ihr, schon halb entkleidet, und horchte auf das Geheul des Windes und das
25 Klappen der Bodenfenster.
„Mutter, kommt der Vater heute nicht?", fragte er. –
„Nein, Kind, morgen." – „Aber warum nicht, Mutter? Er hat's doch versprochen." –

„(1) _____

30 _____

_____

Mach, mach voran, dass du fertig wirst!"
Sie hatten sich kaum niedergelegt, so erhob sich eine Windsbraut[4], als ob sie das Haus mitnehmen wollte.
35 Die Bettstatt bebte, und im Schornstein rasselte es wie ein Kobold. – „Mutter – es pocht draußen!" –
„Still, Fritzchen, das ist das lockere Brett im Giebel, das der Wind jagt." – „Nein, Mutter, an der Tür!" –
„Sie schließt nicht; die Klinke ist zerbrochen. Gott,
40 schlaf doch! Bring mich nicht um das armselige

bisschen Nachtruhe." – „Aber wenn nun der Vater kommt?" – Die Mutter drehte sich heftig im Bett um. –

„(2) _____

_____ 45

_____

_____ „

„Wo ist der Teufel, Mutter?" –
„Wart, du Unrast![5]

(3) _____

_____ 50

_____ „

Friedrich ward still; er horchte noch ein Weilchen und schlief dann ein. Nach einigen Stunden erwachte er. Der Wind hatte sich gewendet und zischte jetzt wie eine Schlange durch die Fensterritze an seinem 55 Ohr. Seine Schulter war erstarrt; er kroch tief unters Deckbett und lag aus Furcht ganz still. Nach einer Weile bemerkte er, dass die Mutter auch nicht schlief. Er hörte sie weinen und mitunter: „Gegrüßt seist du, Maria!", und „bitte für uns arme Sünder!" 60 Die Kügelchen des Rosenkranzes glitten an seinem Gesicht hin. – Ein unwillkürlicher Seufzer entfuhr ihm. – „Friedrich, bist du wach?" – „Ja, Mutter." – „Kind, bete ein wenig – du kannst ja schon das halbe Vaterunser – dass Gott uns bewahre vor Wasser- 65 und Feuersnot."
Friedrich dachte an den Teufel, wie der wohl aussehen möge. Das mannigfache Geräusch und Getöse im Hause kam ihm wunderlich vor. Er meinte, es müsse etwas Lebendiges drinnen sein und draußen 70 auch. „Hör, Mutter, gewiss, da sind Leute, die pochen." – „Ach nein, Kind; aber es ist kein altes Brett im Hause, das nicht klappert." – „Hör! hörst du nicht? Es ruft! Hör doch!"
Die Mutter richtete sich auf; das Toben des Sturms 75 ließ einen Augenblick nach. Man hörte deutlich an den Fensterläden pochen und mehrere Stimmen:

Fortsetzung auf Seite 26

„Margreth! Frau Margreth, heda, aufgemacht!" –
Margreth stieß einen heftigen Laut aus:

80 „(4) _____

_____

_____ „

Der Rosenkranz flog klappernd auf den Brettstuhl,
die Kleider wurden herbeigerissen. Sie fuhr zum
85 Herde, und bald darauf hörte Friedrich sie mit trot-
zigen Schritten über die Tenne gehen. Margreth kam
gar nicht wieder; aber in der Küche war viel Ge-
murmel und fremde Stimmen. Zweimal kam ein
fremder Mann in die Kammer und schien ängstlich
90 etwas zu suchen. Mit einem Male ward eine Lampe
hereingebracht; zwei Männer führten die Mutter. Sie
war weiß wie Kreide und hatte die Augen geschlos-

sen. Friedrich meinte, sie sei tot; er erhob ein fürch-
terliches Geschrei, worauf ihm jemand eine Ohrfei-
ge gab, was ihn zur Ruhe brachte, und nun begriff er 95
nach und nach aus den Reden der Umstehenden,
dass der Vater von Ohm[6] Franz Semmler und dem
Hülsmeyer tot im Holze gefunden sei und jetzt in
der Küche liege.

Annette von Droste-Hülshoff, Die Judenbuche. Cornelsen Schul-
verlage GmbH, Berlin 2013, S. 19–21.

1 Wecken: Brötchen
2 Lärmen: Lärm
3 Fest der Heiligen Drei Könige: Dem Volksglauben nach
  spuken in der Nacht zum 6. Januar die Geister.
4 Windsbraut: Wirbelwind
5 Unrast: unruhiges Kind
6 Ohm: Onkel

Aufgaben

1. a) Wie erlebt der Junge die Sturmnacht? Unterstreiche wichtige Textstellen und achte dabei
   besonders auf Vergleiche („wie") und auf die Wiedergabe von Geräuschen.
   b) Fasse deine Ergebnisse knapp zusammen.

   Der Junge erlebt die Sturmnacht … _____

   _____

   _____

2. a) Der Textauszug ist nicht ganz vollständig wiedergegeben. Es fehlen einige Äußerungen
   der Mutter. Fülle die Lücken mit Aussagen, die inhaltlich und sprachlich passen.
   b) Vergleiche deinen Text mit dem deiner Tischnachbarin / deines Tischnachbarn;
   besprecht, wie in euren Texten die Mutter mit den Ängsten ihres Sohnes umgeht.

3. a) Dies sind die Äußerungen der Mutter, so wie sie im Original stehen. Bringe sie in die
   richtige Reihenfolge, indem du hinter die Ziffer im Textauszug den richtigen Buchstaben setzt.
   Prüfe anschließend mit Hilfe des Lösungsteils (S. 95), ob du richtig liegst.

   A „Ach Gott, wenn der alles hielte, was er verspricht!"
   B „Da bringen sie mir das Schwein wieder!"
   C „Den hält der Teufel fest genug!"
   D „Er steht vor der Tür und will dich holen, wenn du nicht ruhig bist!"

Aufgaben

3. b) Beschreibe die Wirkung, die diese Sätze auf das Kind ausüben. Vergleiche die Sätze dabei auch mit denen, die du formuliert hast.

_____

_____

_____

_____

4. Beschrifte die Pfeile in dem Dreieck so, dass die Beziehungen der Familienmitglieder zueinander deutlich werden.

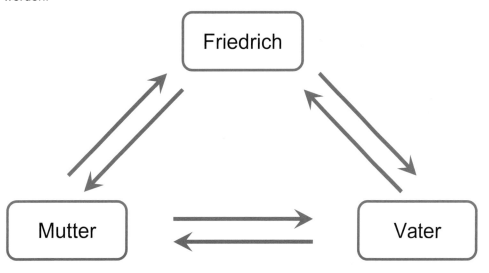

5. Halte abschließend fest, welche ungünstigen Faktoren Friedrichs Kindheit beeinträchtigen.

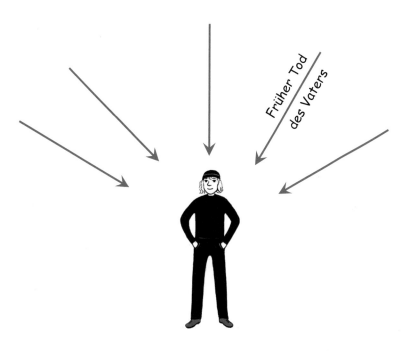

Illustration:
Petra Ballhorn, Berlin

Annette von Droste-Hülshoff: Die Judenbuche (II) – Der Einfluss des Onkels Simon Semmler

Wenige Jahre nach dem Tod des Vaters bittet der Bruder der Mutter, Simon Semmler, darum, den Knaben „adoptieren" zu dürfen.

Annette von Droste-Hülshoff: Die Judenbuche (1842)

So kam es denn dahin, dass nach einer halbstündi-
gen Unterredung Simon eine Art Adoption des Knaben in Vorschlag brachte, vermöge deren er denselben zwar nicht gänzlich seiner Mutter entziehen,
5 aber doch über den größten Teil seiner Zeit verfügen
wollte, wofür ihm dann am Ende des alten Jungge-
sellen Erbe zufallen solle, das ihm freilich ohnedies
nicht entgehen konnte. Margreth ließ sich geduldig
auseinandersetzen, wie groß der Vorteil, wie gering
10 die Entbehrung ihrerseits bei dem Handel sei. Sie
wusste am besten, was eine kränkliche Witwe an der
Hilfe eines zwölfjährigen Knaben entbehrt, den sie
bereits gewöhnt hat, die Stelle einer Tochter zu er-
setzen. Doch sie schwieg und gab sich in alles. Nur
15 bat sie den Bruder, streng, doch nicht hart gegen den
Knaben zu sein.

„Er ist gut", sagte sie, „aber ich bin eine einsame
Frau; mein Kind ist nicht wie einer, über den Vater-
hand regiert hat." Simon nickte schlau mit dem
20 Kopf: „Lass mich nur gewähren, wir wollen uns
schon vertragen, und weißt du, was? Gib mir den
Jungen gleich mit, ich habe zwei Säcke aus der
Mühle zu holen; der kleinste ist ihm grad recht, und
so lernt er mir zur Hand gehen. Komm, Fritzchen,
25 zieh deine Holzschuh an!" – Und bald sah Margreth
den beiden nach, wie sie fortschritten, Simon voran,
mit seinem Gesicht die Luft durchschneidend, während ihm die Schöße des roten Rocks wie Feuer-
flammen nachzogen. So hatte er ziemlich das Anse-
30 hen eines feurigen Mannes, der unter dem gestohle-
nen Sacke büßt; Friedrich ihm nach, fein und
schlank für sein Alter, mit zarten, fast edlen Zügen
und langen, blonden Locken, die besser gepflegt
waren, als sein übriges Äußere erwarten ließ; übri-
35 gens zerlumpt, sonneverbrannt und mit dem Ausdruck der Vernachlässigung und einer gewissen
rohen Melancholie in den Zügen. Dennoch war eine
große Familienähnlichkeit beider nicht zu verken-
nen, und wie Friedrich so langsam seinem Führer
40 nachtrat, die Blicke fest auf denselben geheftet, der
ihn gerade durch das Seltsame seiner Erscheinung
anzog, erinnerte er unwillkürlich an jemand, der in
einem Zauberspiegel das Bild seiner Zukunft mit
verstörter Aufmerksamkeit betrachtet.

45 Jetzt nahten die beiden sich der Stelle des Teutobur-
ger Waldes, wo das Brederholz den Abhang des
Gebirges niedersteigt und einen sehr dunkeln Grund
ausfüllt. Bis jetzt war wenig gesprochen worden.
Simon schien nachdenkend, der Knabe zerstreut,
und beide keuchten unter ihren Säcken. Plötzlich 50
fragte Simon: „Trinkst du gern Branntwein?" – Der
Knabe antwortete nicht. „Ich frage, trinkst du gern
Branntwein? Gibt dir die Mutter zuweilen wel-
chen?" – „Die Mutter hat selbst keinen", sagte
Friedrich. – „So, so, desto besser! – Kennst du das 55
Holz da vor uns?" – „Das ist das Brederholz." –
„Weißt du auch, was darin vorgefallen ist?" – Friedrich schwieg. Indessen kamen sie der düstern
Schlucht immer näher. „Betet die Mutter noch so
viel?", hob Simon wieder an. – „Ja, jeden Abend 60
zwei Rosenkränze." – „So? Und du betest mit?" –
Der Knabe lachte halb verlegen mit einem durch-
triebenen Seitenblick. – „Die Mutter betet in der
Dämmerung vor dem Essen den einen Rosenkranz,
dann bin ich meist noch nicht wieder da mit den 65
Kühen, und den andern im Bette, dann schlaf ich
gewöhnlich ein." – „So, so, Geselle!"

Diese letzten Worte wurden unter dem Schirme
einer weiten Buche gesprochen, die den Eingang der
Schlucht überwölbte. Es war jetzt ganz finster; das 70
erste Mondviertel stand am Himmel, aber seine
schwachen Schimmer dienten nur dazu, den Gegen-
ständen, die sie zuweilen durch eine Lücke der
Zweige berührten, ein fremdartiges Ansehen zu
geben. Friedrich hielt sich dicht hinter seinem 75
Ohm[1]; sein Odem[2] ging schnell, und wer seine Züge
hätte unterscheiden können, würde den Ausdruck
einer ungeheuren, doch mehr fantastischen als
furchtsamen Spannung darin wahrgenommen haben.
So schritten beide rüstig voran, Simon mit dem fes- 80
ten Schritt des abgehärteten Wanderers, Friedrich
schwankend und wie im Traum. Es kam ihm vor, als
ob alles sich bewegte und die Bäume in den einzelnen Mondstrahlen bald zusammen, bald voneinander
schwankten. Baumwurzeln und schlüpfrige Stellen, 85
wo sich das Regenwasser gesammelt, machten seinen Schritt unsicher; er war einige Male nahe daran,
zu fallen. Jetzt schien sich in einiger Entfernung das
Dunkel zu brechen, und bald traten beide in eine
ziemlich große Lichtung. Der Mond schien klar 90
hinein und zeigte, dass hier noch vor Kurzem die
Axt unbarmherzig gewütet hatte. Überall ragten

Fortsetzung auf Seite 29

Baumstümpfe hervor, manche mehrere Fuß über der Erde, wie sie gerade in der Eile am bequemsten zu
95 durchschneiden gewesen waren; die verpönte[3] Arbeit musste unversehens unterbrochen worden sein, denn eine Buche lag quer über dem Pfad, in vollem Laube, ihre Zweige hoch über sich streckend und im Nachtwinde mit den noch frischen Blättern zitternd.
100 Simon blieb einen Augenblick stehen und betrachtete den gefällten Stamm mit Aufmerksamkeit. In der Mitte der Lichtung stand eine alte Eiche, mehr breit als hoch; ein blasser Strahl, der durch die Zweige auf ihren Stamm fiel, zeigte, dass er hohl sei, was
105 ihn wahrscheinlich vor der allgemeinen Zerstörung geschützt hatte. Hier ergriff Simon plötzlich des Knaben Arm.
„Friedrich, kennst du den Baum? Das ist die breite Eiche." – Friedrich fuhr zusammen und klammerte
110 sich mit kalten Händen an seinen Ohm. „Sieh", fuhr Simon fort, „hier haben Ohm Franz und der Hülsmeyer deinen Vater gefunden, als er in der Betrun-

kenheit ohne Buße und Ölung zum Teufel gefahren war." – „Ohm, Ohm!", keuchte Friedrich. – „Was fällt dir ein? Du wirst dich doch nicht fürchten? 115 Satan von einem Jungen, du kneipst mir den Arm! Lass los, los!" – Er suchte den Knaben abzuschütteln. – „Dein Vater war übrigens eine gute Seele; Gott wird's nicht so genau mit ihm nehmen. Ich hatt ihn so lieb wie meinen eigenen Bruder." – Friedrich 120 ließ den Arm seines Ohms los; beide legten schweigend den übrigen Teil des Waldes zurück, und das Dorf Brede lag vor ihnen mit seinen Lehmhütten und den einzelnen bessern Wohnungen von Ziegelsteinen, zu denen auch Simons Haus gehörte. 125

Annette von Droste-Hülshoff, Die Judenbuche. Cornelsen Schulverlage GmbH, Berlin 2013, S. 25–28.

---

1 Ohm: Onkel
2 Odem: Atem
3 verpönt: verboten, strafbar

Aufgaben

1. Wird der Onkel einen guten oder einen schlechten Einfluss auf Friedrich ausüben? Unterstreiche Textstellen, die Hinweise geben, und formuliere anschließend ein Fazit.

_____

_____

_____

2. Der Textauszug enthält zahlreiche Stellen mit symbolischer Bedeutung.
   a) Erkläre, welchen übertragenen Sinn diese Textstellen für dich haben.
   b) Ergänze die Tabelle mit weiteren Textstellen, die eine symbolische Bedeutung aufweisen, und deute diese.

Textstelle	Deutung
[...] während ihm die Schöße des roten Rocks wie Feuerflammen nachzogen. So hatte er ziemlich das Ansehen eines feurigen Mannes, der unter dem gestohlenen Sacke büßt (Z. 27–31).	Simon sieht aus wie …
[...] erinnerte er unwillkürlich an jemand, der in einem Zauberspiegel das Bild seiner Zukunft mit verstörter Aufmerksamkeit betrachtet (Z. 42–44).	Dies ist eine Vorausdeutung darauf, dass …
Indessen kamen sie der düstern Schlucht immer näher (Z. 58 f.).	„düstern Schlucht" könnte symbolisch darauf hindeuten, dass …

**Annette von Droste-Hülshoff: Die Judenbuche (II) –
Der Einfluss des Onkels Simon Semmler**

Textstelle	Deutung
Es war jetzt ganz finster; das erste Mondviertel stand am Himmel, aber seine schwachen Schimmer dienten nur dazu, den Gegenständen, die sie zuweilen durch eine Lücke der Zweige berührten, ein fremdartiges Ansehen zu geben (Z. 70–75).	Die Natursymbolik ...
Friedrich hielt sich dicht hinter seinem Ohm; sein Odem ging schnell, und wer seine Züge hätte unterscheiden können, würde den Ausdruck einer ungeheuren, doch mehr fantastischen als furchtsamen Spannung darin wahrgenommen haben (Z. 75–79).	

Aufgaben

3. Stelle dir vor, dass Friedrich am Ende dieses Tages das Erlebte noch einmal gegenwärtig wird.
   Schreibe in deinem Heft entweder
   a) einen inneren Monolog aus Friedrichs Sicht, der verdeutlicht, was er nach seinem ersten Tag
      an der Seite seines Onkels denkt und fühlt, oder
   b) einen Traum Friedrichs, in dem er die Begegnung mit seinem Onkel verarbeitet.

4. Erkläre mit Hilfe deiner Vorarbeiten, inwiefern diese Begegnung mit dem Onkel einen Wendepunkt
   in Friedrichs Leben darstellt.

   _____

   _____

   _____

   _____

30

Fortsetzung auf Seite 31

**Annette von Droste-Hülshoff: Die Judenbuche (II) –
Der Einfluss des Onkels Simon Semmler**

Aufgaben

5. a) Untersuche anhand der beiden Textauszüge (S. 25 f. und 28 f.) die Rolle der
        Erziehungsberechtigten für die Entwicklung Friedrichs. Notiere dazu Stichworte.

Figur	Verhalten/Eigenschaften	Mögliche Folgen für Friedrich Mergel
Vater Hermann Mergel		
Mutter Margreth Mergel		
Onkel Simon Semmler		

  b) Diskutiert, ob Friedrichs familiäre Prägung als Erklärung dafür dienen kann,
      dass Friedrich zum Verbrecher wird.

Illustration:
Petra Ballhorn, Berlin

Gottfried Keller: Kleider machen Leute (I) – Die Hauptfigur charakterisieren

Die Novelle des Schweizers Gottfried Keller (1819–1890) erschien erstmals 1874 in der Novellensammlung „Die Leute von Seldwyla". Dies ist der Beginn der humorvollen Verwechslungsgeschichte.

Gottfried Keller: Kleider machen Leute (1874)

An einem unfreundlichen Novembertage wanderte ein armes Schneiderlein auf der Landstraße nach Goldach, einer kleinen reichen Stadt, die nur wenige Stunden von Seldwyla[1] entfernt ist. Der Schneider
5 trug in seiner Tasche nichts als einen Fingerhut, welchen er, in Ermangelung irgendeiner Münze, unablässig zwischen den Fingern drehte, wenn er der Kälte wegen die Hände in die Hosen steckte, und die Finger schmerzten ihm ordentlich von die-
10 sem Drehen und Reiben. Denn er hatte wegen des Fallimentes[2] irgendeines Seldwyler Schneidermeisters seinen Arbeitslohn mit der Arbeit zugleich verlieren und auswandern müssen. Er hatte noch nichts gefrühstückt als einige Schneeflocken, die ihm in
15 den Mund geflogen, und er sah noch weniger ab, wo das geringste Mittagbrot herwachsen[3] sollte. Das Fechten[4] fiel ihm äußerst schwer, ja schien ihm gänzlich unmöglich, weil er über seinem schwarzen Sonntagskleide, welches sein einziges war, einen
20 weiten dunkelgrauen Radmantel[5] trug, mit schwarzem Sammet[6] ausgeschlagen, der seinem Träger ein edles und romantisches Aussehen verlieh, zumal dessen lange schwarze Haare und Schnurrbärtchen sorgfältig gepflegt waren und er sich blasser, aber
25 regelmäßiger Gesichtszüge erfreute.
Solcher Habitus[7] war ihm zum Bedürfnis geworden, ohne dass er etwas Schlimmes oder Betrügerisches dabei im Schilde führte; vielmehr war er zufrieden, wenn man ihn nur gewähren und im Stillen seine
30 Arbeit verrichten ließ; aber lieber wäre er verhungert, als dass er sich von seinem Radmantel und von seiner polnischen Pelzmütze getrennt hätte, die er ebenfalls mit großem Anstand zu tragen wusste.
Er konnte deshalb nur in größeren Städten arbeiten,
35 wo solches nicht zu sehr auffiel; wenn er wanderte und keine Ersparnisse mitführte, geriet er in die größte Not. Näherte er sich einem Hause, so betrachteten ihn die Leute mit Verwunderung und Neugierde und erwarteten eher alles andere, als dass
40 er betteln würde; so erstarben ihm, da er überdies nicht beredt war, die Worte im Munde, also dass er der Märtyrer seines Mantels war und Hunger litt, so schwarz wie des Letzteren Sammetfutter.
Als er bekümmert und geschwächt eine Anhöhe
45 hinaufging, stieß er auf einen neuen und bequemen Reisewagen, welchen ein herrschaftlicher Kutscher in Basel abgeholt hatte und seinem Herrn überbrachte, einem fremden Grafen, der irgendwo in der Ostschweiz auf einem gemieteten oder angekauften alten Schlosse saß. Der Wagen war mit allerlei Vor-
50 richtungen zur Aufnahme des Gepäckes versehen und schien deswegen schwer bepackt zu sein, obgleich alles leer war. Der Kutscher ging wegen des steilen Weges neben den Pferden, und als er, oben angekommen, den Bock wieder bestieg, fragte er
55 den Schneider, ob er sich nicht in den leeren Wagen setzen wolle. Denn es fing eben an zu regnen, und er hatte mit einem Blicke gesehen, dass der Fußgänger sich matt und kümmerlich durch die Welt schlug.
Derselbe nahm das Anerbieten dankbar und be-
60 scheiden an, worauf der Wagen rasch mit ihm von dannen rollte und in einer kleinen Stunde stattlich und donnernd durch den Torbogen von Goldach fuhr. Vor dem ersten Gasthofe, ‚Zur Waage' genannt, hielt das vornehme Fuhrwerk plötzlich, und also-
65 gleich zog der Hausknecht so heftig an der Glocke, dass der Draht beinahe entzweiging. Da stürzten Wirt und Leute herunter und rissen den Schlag[8] auf; Kinder und Nachbarn umringten schon den prächtigen Wagen, neugierig, welch ein Kern sich aus so
70 unerhörter Schale enthüllen werde; und als der verdutzte Schneider endlich hervorsprang in seinem Mantel, blass und schön und schwermütig zur Erde blickend, schien er ihnen wenigstens ein geheimnisvoller Prinz oder Grafensohn zu sein. Der Raum
75 zwischen dem Reisewagen und der Pforte des Gasthauses war schmal und im Übrigen der Weg durch die Zuschauer ziemlich gesperrt. Mochte es nun der Mangel an Geistesgegenwart oder an Mut sein, den Haufen zu durchbrechen und einfach seines Weges
80 zu gehen – er tat dieses nicht, sondern ließ sich willenlos in das Haus und die Treppe hinangeleitet und bemerkte seine neue seltsame Lage erst recht, als er sich in einen wohnlichen Speisesaal versetzt sah und ihm sein ehrwürdiger Mantel dienstfertig abgenom-
85 men wurde.

„Der Herr wünscht zu speisen?", hieß es. „Gleich wird serviert werden, es ist eben gekocht!"
Ohne eine Antwort abzuwarten, lief der Waagwirt in die Küche und rief: „In's drei Teufels Namen! Nun
90 haben wir nichts als Rindfleisch und die Hammelkeule! Die Rebhuhnpastete darf ich nicht anschnei-

Fortsetzung auf Seite 33

den, da sie für die Abendherren bestimmt und versprochen ist. So geht es! Den einzigen Tag, wo wir

95 keinen Gast erwarten und nichts da ist, muss ein solcher Herr kommen! Und der Kutscher hat ein Wappen auf den Knöpfen, und der Wagen ist wie der eines Herzogs! Und der junge Mann mag kaum den Mund öffnen vor Vornehmheit!"

100 Doch die ruhige Köchin sagte: „Nun, was ist denn da zu lamentieren, Herr? Die Pastete tragen Sie nur kühn auf, die wird er doch nicht aufessen! Die Abendherren bekommen sie dann portionenweise; sechs Portionen wollen wir schon noch herauskrie-

105 gen!"

„Sechs Portionen? Ihr vergesst wohl, dass die Herren sich satt zu essen gewohnt sind!", meinte der Wirt, allein die Köchin fuhr unerschüttert fort: „Das sollen sie auch! Man lässt noch schnell ein halbes

110 Dutzend Koteletts holen, die brauchen wir sowieso für den Fremden, und was er übriglässt, schneide ich in kleine Stückchen und menge sie unter die Pastete, da lassen Sie nur mich machen!"

Doch der wackere Wirt sagte ernsthaft: „Köchin, ich

115 habe Euch schon einmal gesagt, dass dergleichen in dieser Stadt und in diesem Hause nicht angeht! Wir leben hier solid und ehrenfest und vermögen es!"

„Ei der Tausend, ja, ja!", rief die Köchin endlich etwas aufgeregt. „Wenn man sich denn nicht zu

120 helfen weiß, so opfere man die Sache! Hier sind zwei Schnepfen, die ich den Augenblick vom Jäger gekauft habe, die kann man am Ende der Pastete zusetzen! Eine mit Schnepfen gefälschte Rebhuhnpastete werden die Leckermäuler nicht beanstanden!

125 Sodann sind auch die Forellen da, die größte habe ich in das siedende Wasser geworfen, wie der merkwürdige Wagen kam, und da kocht auch schon die Brühe im Pfännchen; so haben wir also einen Fisch, das Rindfleisch, das Gemüse mit den Kote-

130 letts, den Hammelbraten und die Pastete; geben Sie nur den Schlüssel, dass man das Eingemachte und

das Dessert herausnehmen kann! Und den Schlüssel könnten Sie, Herr, mir mit Ehren und Zutrauen übergeben, damit man Ihnen nicht allerorten nachspringen muss und oft in die größte Verlegenheit 135 gerät!"

„Liebe Köchin, das braucht Ihr nicht übelzunehmen! Ich habe meiner seligen Frau am Todbette versprechen müssen, die Schlüssel immer in Händen zu behalten; sonach geschieht es grundsätzlich und 140 nicht aus Misstrauen. Hier sind die Gurken und hier die Kirschen, hier die Birnen und hier die Aprikosen; aber das alte Konfekt darf man nicht mehr aufstellen; geschwind soll die Liese zum Zuckerbeck laufen und frisches Backwerk holen, drei Teller, und 145 wenn er eine gute Torte hat, soll er sie auch gleich mitgeben!"

„Aber Herr! Sie können ja dem einzigen Gaste das nicht alles aufrechnen, das schlägt's beim besten Willen nicht heraus!" 150

„Tut nichts, es ist um die Ehre! Das bringt mich nicht um; dafür soll ein großer Herr, wenn er durch unsere Stadt reist, sagen können, er habe ein ordentliches Essen gefunden, obgleich er ganz unerwartet und im Winter gekommen sei! Es soll nicht heißen 155 wie von den Wirten zu Seldwyl, die alles Gute selber fressen und den Fremden die Knochen vorsetzen! Also frisch, munter, sputet Euch allerseits!"

Gottfried Keller, Kleider machen Leute. Cornelsen Schulverlage GmbH, Berlin 2013, S. 13–16.

1 Seldwyla: erfundener Ort in der Schweiz
2 Falliment: Konkurs, Bankrott
3 herwachsen: herkommen
4 Fechten: Betteln
5 Radmantel: kreisförmig geschnittener, meist ärmelloser vornehmer Mantel
6 Sammet: Samt
7 Habitus: das Erscheinungsbild eines Menschen in Aussehen und Verhalten
8 Schlag: Wagentür

**Gottfried Keller: Kleider machen Leute (I) –
Die Hauptfigur charakterisieren**

Aufgaben

1. Lies den Erzählbeginn genau und begründe, indem du dich auf konkrete Textstellen beziehst: Ist der Schneider ein Hochstapler und Betrüger oder gerät er unfreiwillig in die Rolle eines großen Herrn?

   Der Schneider ist … _____

   _____

   _____

   Das zeigt sich im Text … _____

   _____

2. a) Stelle dir vor, der ehemalige Schneidermeister würde seinen Gesellen suchen und hätte einen Steckbrief in Auftrag gegeben. Vervollständige diesen Steckbrief mit Hilfe der Informationen, die der Textauszug enthält.
   b) Zeichne ein Bild des Gesuchten in die obere Hälfte des Steckbriefs.

Wanted! Das Schneiderlein

So sieht der Gesuchte aus:

Aussehen	Herkunft/soziale Situation
trägt dunkelgrauen Radmantel	armes Schneiderlein
…	…

Fortsetzung auf Seite 35

**Gottfried Keller: Kleider machen Leute (I) –
Die Hauptfigur charakterisieren**

Aufgaben

3. Schreibe einen inneren Monolog des Wirtes, der verdeutlicht, wie der eintreffende Gast auf ihn wirkt.

4. „Kleider machen Leute" – erkläre den Titel der Novelle mit Hilfe deiner Vorarbeiten.

_____

_____

_____

_____

5. Halte fest, worin die „unerhörte Begebenheit" dieser Novelle besteht.

<u>Die unerhörte Begebenheit besteht darin, dass …</u>_____

_____

_____

_____

Illustration:
Petra Ballhorn, Berlin

Gottfried Keller: Kleider machen Leute (II) –
Die Komik der Novelle erschließen

Der folgende Textauszug erzählt von dem Mahl, das der geheimnisvolle Fremde nach seiner Ankunft in dem Gasthaus einnimmt.

Was unternimmt der Schneider, um der Situation zu entkommen?

nimmt seinen Mantel, setzt die Mütze auf und will …

Wie reagieren Wirt, Kellner und Köchin?

der Kellner denkt, der Schneider suche nur …

Gottfried Keller: Kleider machen Leute (1874)

Während dieser umständlichen Zubereitungen befand sich der Schneider in der peinlichsten Angst, da der Tisch mit glänzendem Zeuge gedeckt wurde, und so heiß sich der ausgehungerte Mann vor Kurzem noch nach einiger Nah-
5 rung gesehnt hatte, so ängstlich wünschte er jetzt, der drohenden Mahlzeit zu entfliehen. Endlich fasste er sich einen Mut, nahm seinen Mantel um, setzte die Mütze auf und begab sich hinaus, um den Ausweg zu gewinnen. Da er aber in seiner Verwirrung und in dem weitläufigen Hause
10 die Treppe nicht gleich fand, so glaubte der Kellner, den der Teufel beständig umhertrieb, jener suche eine gewisse Bequemlichkeit[1], rief: „Erlauben Sie gefälligst, mein Herr, ich werde Ihnen den Weg weisen!" und führte ihn durch einen langen Gang, der nirgend anders endigte als vor einer
15 schön lackierten Türe, auf welcher eine zierliche Inschrift angebracht war.
Also ging der Mantelträger ohne Widerspruch, sanft wie ein Lämmlein, dort hinein und schloss ordentlich hinter sich zu. Dort lehnte er sich bitterlich seufzend an die Wand
20 und wünschte der goldenen Freiheit der Landstraße wieder teilhaftig zu sein, welche ihm jetzt, so schlecht das Wetter war, als das höchste Glück erschien.
Doch verwickelte er sich jetzt in die erste selbsttätige Lüge, weil er in dem verschlossenen Raume ein wenig verweilte,
25 und er betrat hiermit den abschüssigen Weg des Bösen.
Unterdessen schrie der Wirt, der ihn gesehen hatte im Mantel dahin gehen: „Der Herr friert! Heizet mehr ein im Saal! Wo ist die Liese, wo ist die Anne? Rasch einen Korb Holz in den Ofen und einige Hände voll Späne, dass es brennt!
30 Zum Teufel, sollen die Leute in der ,Waage' im Mantel zu Tisch sitzen?"
Und als der Schneider wieder aus dem langen Gange hervorgewandelt kam, melancholisch wie der umgehende Ahnherr eines Stammschlosses, begleitete er ihn mit hun-
35 dert Komplimenten und Handreibungen wiederum in den verwünschten Saal hinein. Dort wurde er ohne ferneres Verweilen an den Tisch gebeten, der Stuhl zurechtgerückt, und da der Duft der kräftigen Suppe, dergleichen er lange nicht gerochen, ihn vollends seines Willens beraubte, so
40 ließ er sich in Gottes Namen nieder und tauchte sofort den schweren Löffel in die braungoldene Brühe. In tiefem Schweigen erfrischte er seine matten Lebensgeister und wurde mit achtungsvoller Stille und Ruhe bedient.

Fortsetzung auf Seite 37

Gottfried Keller: Kleider machen Leute (II) –
Die Komik der Novelle erschließen

Als er den Teller geleert hatte und der Wirt sah, dass es ihm
45 so wohl schmeckte, munterte er ihn höflich auf, noch einen
Löffel voll zu nehmen, das sei gut bei dem rauen Wetter.
Nun wurde die Forelle aufgetragen, mit Grünem bekränzt,
und der Wirt legte ein schönes Stück vor. Doch der Schneider, von Sorgen gequält, wagte in seiner Blödigkeit[2] nicht,
50 das blanke Messer zu brauchen, sondern hantierte schüch-
tern und zimperlich mit der silbernen Gabel daran herum.
Das bemerkte die Köchin, welche zur Türe hereinguckte,
den großen Herrn zu sehen, und sie sagte zu den Umstehenden: „Gelobt sei Jesus Christ! Der weiß noch einen
55 feinen Fisch zu essen, wie es sich gehört, der sägt nicht mit
dem Messer in dem zarten Wesen herum, wie wenn er ein
Kalb schlachten wollte. Das ist ein Herr von großem Hause,
darauf wollt' ich schwören, wenn es nicht verboten wäre!
Und wie schön und traurig er ist! Gewiss ist er in ein armes
60 Fräulein verliebt, das man ihm nicht lassen will! Ja, ja, die
vornehmen Leute haben auch ihre Leiden!"
Inzwischen sah der Wirt, dass der Gast nicht trank, und
sagte ehrerbietig: „Der Herr mögen den Tischwein nicht;
befehlen Sie vielleicht ein Glas guten Bordeaux, den ich
65 bestens empfehlen kann?"
Da beging der Schneider den zweiten selbsttätigen Fehler,
indem er aus Gehorsam ja statt nein sagte, und alsobald
verfügte sich der Waagwirt persönlich in den Keller, um
eine ausgesuchte Flasche zu holen; denn es lag ihm alles
70 daran, dass man sagen könne, es sei etwas Rechtes im Ort
zu haben. Als der Gast von dem eingeschenkten Weine
wiederum aus bösem Gewissen ganz kleine Schlücklein
nahm, lief der Wirt voll Freuden in die Küche, schnalzte
mit der Zunge und rief: „Hol mich der Teufel, der ver-
75 steht's, der schlürft meinen guten Wein auf die Zunge, wie
man einen Dukaten auf die Goldwaage legt!"
„Gelobt sei Jesus Christ!", sagte die Köchin. „Ich hab's ja
behauptet, dass er's versteht!"
So nahm die Mahlzeit denn ihren Verlauf, und zwar sehr
80 langsam, weil der arme Schneider immer zimperlich und
unentschlossen aß und trank und der Wirt, um ihm Zeit zu
lassen, die Speisen genugsam stehenließ. Trotzdem war es
nicht der Rede wert, was der Gast bis jetzt zu sich genommen; vielmehr begann der Hunger, der immerfort so ge-
85 fährlich gereizt wurde, nun den Schrecken zu überwinden,
und als die Pastete von Rebhühnern erschien, schlug die
Stimmung des Schneiders gleichzeitig um, und ein fester
Gedanke begann sich in ihm zu bilden. „Es ist jetzt einmal,
wie es ist!", sagte er sich, von einem neuen Tröpflein Wei-
90 nes erwärmt und aufgestachelt. „Nun wäre ich ein Tor,
wenn ich die kommende Schande und Verfolgung ertragen
wollte, ohne mich dafür sattgegessen zu haben! Also vorge-
sehen, weil es noch Zeit ist! Das Türmchen, das sie da aufgestellt haben, dürfte leichtlich[3] die letzte Speise sein; da-

Fortsetzung auf Seite 38

95 ran will ich mich halten, komme, was da wolle! Was ich
einmal im Leibe habe, kann mir kein König wieder rau-
ben!"

Gesagt, getan; mit dem Mute der Verzweiflung hieb er in
die leckere Pastete, ohne an ein Aufhören zu denken, so-
100 dass sie in weniger als fünf Minuten zur Hälfte geschwun-
den war und die Sache für die Abendherren sehr bedenklich
zu werden begann. Fleisch, Trüffeln, Klößchen, Boden,
Deckel, alles schlang er ohne Ansehen der Person hinunter,
nur besorgt, sein Ränzchen vollzupacken[4], ehe das Ver-
105 hängnis hereinbräche; dazu trank er den Wein in tüchtigen
Zügen und steckte große Brotbissen in den Mund; kurz, es
war eine so hastig belebte Einfuhr, wie wenn bei aufstei-
gendem Gewitter das Heu von der nahen Wiese gleich auf
der Gabel in die Scheune geflüchtet wird. Abermals lief der
110 Wirt in die Küche und rief: „Köchin! Er isst die Pastete auf,
während er den Braten kaum berührt hat! Und den
Bordeaux trinkt er in halben Gläsern!"

„Wohl bekomm es ihm", sagte die Köchin, „lassen Sie ihn
nur machen, der weiß, was Rebhühner sind! Wär er ein
115 gemeiner Kerl, so hätte er sich an den Braten gehalten!"

„Ich sag's auch", meinte der Wirt; „es sieht sich zwar nicht
ganz elegant an, aber so hab ich, als ich zu meiner Ausbil-
dung reiste, nur Generäle und Kapitelsherren[5] essen sehen!"

*Gottfried Keller, Kleider machen Leute. Cornelsen Schulverlage GmbH,
Berlin 2013, S. 17–20.*

---

1 eine gewisse Bequemlichkeit: hier: Toilette
2 Blödigkeit: hier: Schüchternheit
3 leichtlich: wahrscheinlich
4 sein Ränzchen vollzupacken: hier: sich voll zu essen
5 Kapitelsherren: hohe Geistliche

Aufgaben

1. Zeige dein Textverständnis, indem du folgende Fragen knapp beantwortest:
   a) Wovor befindet sich der Schneider in der „peinlichsten Angst" (Z. 2)?

   _____

   _____

   b) Wieso erscheint ihm die Freiheit der Landstraße als das „höchste Glück" (Z. 22)?

   _____

   _____

   c) Inwiefern betritt er nun den „abschüssigen Weg des Bösen" (Z. 25)?

   _____

   _____

   _____

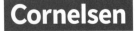

Gottfried Keller: Kleider machen Leute (II) –
Die Komik der Novelle erschließen

Aufgaben

2. a) Erschließe dir die Novelle, indem du die Randspalten des Textes ausfüllst.
   b) Beschreibe, worin die Situationskomik liegt, die in diesem Textauszug deutlich wird.

_____

_____

_____

_____

3. Begründe, wessen Verhalten mit Hilfe dieser Komik stärker entlarvt und kritisiert wird –
   das des Schneiders oder das von Wirt und Köchin?

_____

_____

_____

_____

4. Schreibe die Situation bei Tisch weiter. Orientiere dich dabei an der Situationskomik des
   Textauszugs: Wie versucht der Schneider seiner Notlage zu entkommen?
   Wie reagieren der Wirt und die Köchin?

   <u>Dem Schneiderlein war es unterdessen so unbehaglich zumute, dass er einen abermaligen</u>

   <u>Versuch unternahm, seiner Not zu entkommen. Er ...</u>

_____

_____

_____

_____

_____

_____

_____

_____

_____

_____

_____

_____

Theodor Storm: Der Schimmelreiter (I) – Den Erzählstoff kennenlernen

Die Sage vom Schimmelreiter

Im Jahre 1718 geschah am Eiderstedter Deich[1] ein großes Unglück. Nachdem plötzlich starkes Tauwetter eingesetzt hatte, waren die Eisschollen bis knapp unter die Deichkrone gestiegen. Dann kam auch 5 noch ein furchtbarer Nordwestwind hinzu, der die gewaltigen Eismassen mit aller Kraft gegen den Deich trieb, sodass er zu brechen drohte. Die Dorfglocke läutete Sturm und die Einwohner blickten voller Angst dem drohenden Unglück entgegen. 10 Auf seinem Schimmel war der Deichgraf[2] zu einer besonders gefährdeten Stelle geritten. Rastlos wandte er sich hierhin und dorthin und erteilte seine Befehle. Viele Menschen arbeiteten unermüdlich, um den Deichbruch zu verhindern, doch alle Mühe war 15 vergebens. Als schließlich alles verloren schien, entschied sich der Deichgraf zu einem letzten, verzweifelten Mittel: Er befahl den Deich an einer entfernteren Stelle aufzubrechen, wo die Fluten, wenn sie das Land überschwemmten, einen geringeren 20 Schaden anrichten würden und wo die Bevölkerung zumindest verschont bliebe. Die Arbeiter am Deich aber waren entsetzt über diese Eigenmächtigkeit und weigerten sich, die Anordnung auszuführen. Da brauste der Deichgraf auf: 25 „Die Verantwortung trage ich! Ihr habt die Pflicht zu gehorchen!"

Den Männern blieb keine Wahl, sie mussten den Durchstich wagen. Nun aber brach die Flut mit entfesselter Gewalt über das Land herein, der Bruch wurde größer und größer, immer mehr Landflächen 30 wurden von Wasser überschwemmt. Starr blickte der Deichgraf auf das Werk, das er angerichtet hatte und das sich nun nicht mehr aufhalten ließ. Jäh überkam ihn die Verzweiflung. Er gab seinem Schimmel die Sporen und stürzte sich mit ihm in 35 den Bruch.

Nur kurze Zeit später, so berichtet die Chronik, setzten sich Eisschollen vor den Durchstich und schlossen ihn, der Sturm legte sich und das Wasser zog sich langsam zurück. 40

Die Leichen des Deichgrafen und seines Schimmels wurden niemals gefunden. In stürmischen Nächten aber hat man einen Reiter auf einem Schimmel aus dem Bruch herausreiten sehen. Es ist der Deichgraf, der hin und wieder erscheint und auf dem Deich 45 entlangreitet, um die Bewohner vor drohendem Unglück zu warnen.

Der Schimmelreiter. In: Das große Sagenbuch, hg. von Heinrich Pleticha. Bearb. von Sonja Hartl und Elisabeth Spang. Thienemann Verlag, Stuttgart und Wien 2003, S. 496 f.

---

1 Deich: Schutzwall gegen Überschwemmungen
2 Deichgraf: Vorstand des Deichverbands, dessen Mitglieder für den Erhalt der Deiche zuständig waren

---

Aufgabe

1. Ein Deichgraf des Jahres 1718 wird zu einer Sagengestalt – wie kannst du dir dies erklären? Unterstreiche Textstellen, die die Faszination für den Schimmelreiter erklären, und formuliere eine knappe Antwort.

Die Figur des Schimmelreiters fasziniert Menschen, weil _____

Außerdem _____

_____

Fortsetzung auf Seite 41

**Theodor Storm: Der Schimmelreiter (I) –
Den Erzählstoff kennenlernen**

Aufgabe

2. Theodor Storm (1817–1888) gestaltet aus dem Kern dieser Sage seine berühmte Novelle
„Der Schimmelreiter". Welche typischen Novellenmerkmale lassen sich in der Sage finden?
Finde dies heraus, indem du die Tabelle stichwortartig ausfüllst.

Novellenmerkmale	Die Sage „Der Schimmelreiter"
Welche **ungewöhnliche Begebenheit** steht im Mittelpunkt?	
Worin besteht der **zentrale Konflikt?**	
Wie verläuft – grob skizziert – die straffe, **einsträngige Handlung?**	
An welcher Stelle könnte sich **der Höhe- und Wendepunkt** ereignen?	
Was könnte das **Dingsymbol** (kann ein Gegenstand oder Tier sein) dieser Novelle sein?	

Fortsetzung auf Seite 42

**Theodor Storm: Der Schimmelreiter (I) –
Den Erzählstoff kennenlernen**

Aufgaben

3. Wie konnte Storm im Umgang mit seiner Vorlage das Problem lösen, dass die Novelle
   einen gewissen Wahrheitsanspruch erheben soll, und dafür sorgen, dass seine Erzählung nicht
   als reine Gespenstergeschichte abgetan wird? Formuliere eine Idee.

   _____

   _____

   _____

4. Wie würdest du die Novelle beginnen? Schreibe die ersten Sätze.

   _____

   _____

   _____

   _____

   _____

   _____

5. Vergleicht eure Texte und besprecht, ob sie Interesse an der Geschichte wecken.

Illustration:
Petra Ballhorn, Berlin

Cornelsen

Theodor Storm: Der Schimmelreiter (II) – Die Rahmenhandlung verstehen

„Der Schimmelreiter" ist das Meisterwerk des aus Husum an der Nordsee stammenden Schriftstellers Theodor Storm (1817–1888). Die Novelle erzählt die Geschichte des hochbegabten und geheimnisvollen Hauke Haien, der vom Kleinknecht zum Deichgrafen aufsteigt.

Theodor Storm: Der Schimmelreiter (1888)

Was ich zu berichten beabsichtige, ist mir vor reichlich einem halben Jahrhundert im Hause meiner Urgroßmutter, der alten Frau Senator Feddersen[1], kund geworden, während ich, an ihrem Lehnstuhl
5 sitzend, mich mit dem Lesen eines in blaue Pappe eingebundenen Zeitschriftenheftes beschäftigte; ich vermag mich nicht mehr zu entsinnen, ob von den „Leipziger" oder von „Pappes Hamburger Lesefrüchten"[2]. Noch fühl' ich es gleich einem Schau-
10 er, wie dabei die linde Hand der über Achtzigjährigen mitunter liebkosend über das Haupthaar ihres Urenkels hinglitt. Sie selbst und jene Zeit sind längst begraben; vergebens auch habe ich seitdem jenen Blättern nachgeforscht, und ich kann daher umso
15 weniger weder die Wahrheit der Tatsachen verbürgen, als, wenn jemand sie bestreiten wollte, dafür aufstehen; nur so viel kann ich versichern, dass ich sie seit jener Zeit, obgleich sie durch keinen äußeren Anlass in mir aufs Neue belebt wurden, niemals aus
20 dem Gedächtnis verloren habe.

＊＊

Es war im dritten Jahrzehnt unseres Jahrhunderts, an einem Oktobernachmittag – so begann der damalige Erzähler –, als ich bei starkem Unwetter auf einem nordfriesischen Deich[3] entlangritt. Zur Linken hatte
25 ich jetzt schon seit über einer Stunde die öde, bereits von allem Vieh geleerte Marsch[4], zur Rechten, und zwar in unbehaglichster Nähe, das Wattenmeer[5] der Nordsee; zwar sollte man vom Deiche aus auf Halligen[6] und Inseln sehen können; aber ich sah nichts
30 als die gelbgrauen Wellen, die unaufhörlich wie mit Wutgebrüll an den Deich hinaufschlugen und mitunter mich und das Pferd mit schmutzigem Schaum bespritzten; dahinter wüste Dämmerung, die Himmel und Erde nicht unterscheiden ließ; denn auch
35 der halbe Mond, der jetzt in der Höhe stand, war meist von treibendem Wolkendunkel überzogen. Es war eiskalt; meine verklommenen Hände konnten kaum den Zügel halten, und ich verdachte es nicht den Krähen und Möwen, die sich fortwährend
40 krächzend und gackernd vom Sturm ins Land hinein treiben ließen. Die Nachtdämmerung hatte begonnen, und schon konnte ich nicht mehr mit Sicherheit die Hufen meines Pferdes erkennen; keine Menschenseele war mir begegnet, ich hörte nichts als das

Geschrei der Vögel, wenn sie mich oder meine treue 45 Stute fast mit den langen Flügeln streiften, und das Toben von Wind und Wasser. Ich leugne nicht, ich wünschte mich mitunter in sicheres Quartier. [...]
Und wirklich, einen Augenblick, als eine schwarze Wolkenschicht es pechfinster um mich machte und 50 gleichzeitig die heulenden Böen[7] mich samt meiner Stute vom Deich herabzudrängen suchten, fuhr es mir wohl durch den Kopf. „Sei kein Narr! Kehr' um und setz' dich zu deinen Freunden ins warme Nest." Dann aber fiel's mir ein, der Weg zurück war wohl 55 länger als der nach meinem Reiseziel; und so trabte ich weiter, den Kragen meines Mantels um die Ohren ziehend.
Jetzt aber kam auf dem Deiche etwas gegen mich heran; ich hörte nichts; aber immer deutlicher, wenn 60 der halbe Mond ein karges Licht herabließ, glaubte ich eine dunkle Gestalt zu erkennen, und bald, da sie näher kam, sah ich es, sie saß auf einem Pferde, einem hochbeinigen hageren Schimmel; ein dunkler Mantel flatterte um ihre Schultern, und im Vorbei- 65 fliegen sahen mich zwei brennende Augen aus einem bleichen Antlitz an.
Wer war das? Was wollte der? – Und jetzt fiel mir bei[8], ich hatte keinen Hufschlag, kein Keuchen des Pferdes vernommen; und Ross und Reiter waren 70 doch hart an mir vorbeigefahren!
In Gedanken darüber ritt ich weiter, aber ich hatte nicht lange Zeit zum Denken; schon fuhr es von rückwärts wieder an mir vorbei; mir war, als streifte mich der fliegende Mantel, und die Erscheinung 75 war, wie das erste Mal, lautlos an mir vorüber gestoben. Dann sah ich sie fern und ferner vor mir; dann war's, als säh' ich plötzlich ihren Schatten an der Binnenseite[9] des Deiches hinuntergehen.

Fortsetzung auf Seite 44

80 *Um sich vor dem Unwetter zu schützen, betritt der Reisende ein Wirtshaus, in dem etwa ein Dutzend Männer an einem Tisch sitzen.*

Ich erfuhr bald, dass mein freundlicher Nachbar der Deichgraf sei; wir waren ins Gespräch gekommen, 85 und ich hatte begonnen, ihm meine seltsame Begegnung auf dem Deiche zu erzählen. Er wurde aufmerksam und ich bemerkte plötzlich, dass alles Gespräch umher verstummt war. „Der Schimmelreiter!", rief einer aus der Gesellschaft, und eine Bewegung des Erschreckens ging durch die Übrigen. 90 Der Deichgraf war aufgestanden. „Ihr braucht nicht zu erschrecken", sprach er über den Tisch hin; „das ist nicht bloß für uns; anno[10] 17 hat es auch denen drüben gegolten; mögen sie auf alles vorgefasst 95 sein!"

Mich wollte nachträglich ein Grauen überlaufen. „Verzeiht!", sprach ich, „was ist das mit dem Schimmelreiter?"

Abseits hinter dem Ofen, ein wenig gebückt, saß ein 100 kleiner hagerer Mann in einem abgeschabten schwarzen Röcklein; die eine Schulter schien ein wenig ausgewachsen. Er hatte mit keinem Worte an der Unterhaltung der andern teilgenommen; aber seine bei dem spärlichen grauen Haupthaar noch 105 immer mit dunklen Wimpern besäumten Augen zeigten deutlich, dass er nicht zum Schlaf hier sitze. Gegen diesen streckte der Deichgraf seine Hand. „Unser Schulmeister", sagte er mit erhobener Stimme, „wird von uns hier Ihnen das am besten erzäh-110 len können […]." […]

Der Alte sah mich mit verständnisvollem Lächeln an. „Nun also!", sagte er. „In der Mitte des vorigen Jahrhunderts, oder vielmehr, um genauer zu bestimmen, vor und nach derselben, gab es hier einen Deichgrafen[11], der von Deich- und Sielsachen[12] 115 mehr verstand, als Bauern und Hofbesitzer sonst zu verstehen pflegten; aber es reichte doch wohl kaum; denn was die studierten Fachleute darüber niedergeschrieben, davon hatte er wenig gelesen; sein Wissen hatte er sich, wenn auch von Kindesbeinen an, 120 nur selber ausgesonnen. […]"

Theodor Storm, Der Schimmelreiter. Cornelsen Verlag GmbH, Berlin 2016, S. 13–15, 17 f.

---

1 Frau Senator Feddersen: Elisabeth Feddersen (1741–1829), Storms Urgroßmutter mütterlicherseits
2 „Leipziger" und „Pappes Hamburger Lesefrüchte": zwei beliebte Zeitschriften aus der ersten Hälfte des 19. Jahrhunderts
3 Deich: Schutzwall gegen Überschwemmungen
4 Marsch: „dem Meere abgewonnenes Land, dessen Boden der festgewordene Schlick, der Klei, bildet" (Storm)
5 Watten: „von der Flut bespülte Schlick- und Sandstrecke an der Nordsee" (Storm)
6 Hallig: „kleine, unbedeichte Insel" (Storm)
7 Bö: Windstoß
8 fiel mir bei: fiel mir ein
9 Binnenseite: Innenseite, dem Land zugekehrt
10 anno: im Jahre
11 Deichgrafen: Damit meint er den „Schimmelreiter", dessen Geschichte er nun erzählt.
12 Sielsachen: Ein Siel ist eine verschließbare Wasseröffnung in einem Deich.

Aufgaben

1. a) Wer erzählt eigentlich die Geschichte vom Schimmelreiter? Überprüfe dein Textverständnis, indem du die Buchstaben der richtigen Aussagen notierst. Hintereinander gelesen verraten sie, wie viele Erzählerfiguren es insgesamt gibt.

Die Geschichte vom Schimmelreiter …

Z erzählt eine alte Frau
D steht in einer Zeitschrift
W erzählt die Senatorin Feddersen
R erzählt der Reisende, der nachts über den Deich geritten ist
E erzählt ein Mann etwa 50 Jahre, nachdem er sie gelesen hat

N erzählt der neue Deichgraf
S erzählt ein junger Lehrer
I erzählt ein alter Lehrer
R erzählt im Wirtshaus der Tischnachbar des Reisenden

b) Das Lösungswort lautet: _____

**Theodor Storm: Der Schimmelreiter (II) –
Die Rahmenhandlung verstehen**

Aufgaben

2. a) Welche Atmosphäre herrscht auf dem Deich? Lies den Text genau und finde es mit Hilfe des Kreuzworträtsels heraus. In der richtigen Reihenfolge gelesen ergeben die grau unterlegten Buchstaben das Lösungswort. Es beschreibt, wie der Schimmelreiter bei seinem Auftreten wirkt.

Waagrecht
1 Zeit zwischen Tag und Nacht
6 So erscheint die Gestalt des Schimmelreiters.
8 die Temperatur auf dem Deich

Senkrecht
2 Eine dunkle Wolke macht plötzlich alles …
3 Die Augen des Schimmelreiters sind …
4 Es herrscht auf dem Damm kein Sonnenschein, sondern ein …
5 So gleitet der Schimmelreiter an dem Reisenden vorüber.
7 Als sich dem Reisenden auf dem Damm etwas nähert, hört er …

b) Das Lösungswort lautet: _____

Fortsetzung auf Seite 46

**Theodor Storm: Der Schimmelreiter (II) –
Die Rahmenhandlung verstehen**

Aufgaben

3. Vervollständige das Schaubild über die drei Erzählerfiguren.
   a) Wer sind die Erzähler und zu welcher Zeit etwa erzählen sie?
   b) Welche Erzählform liegt jeweils vor? Orientiere dich dabei an der Information.

1. Erzähler (1888): _____

Erzählform: _____

2. Erzähler (   ): _____

Erzählform: _____

3. Erzähler (   ): _____

Erzählform: _____

Binnenhandlung vom Schimmelreiter
(   )

Erzähler

Ein Erzähler ist eine Figur, die die Handlung einer Geschichte vermittelt.
Er darf nicht mit dem Autor verwechselt werden. Folgende Unterscheidungen sind wichtig:

Erzählform:

Ich-Erzähler: Er kann a) eine gleichzeitig erlebende und erzählende Figur sein oder
                           b) aus größerem zeitlichen Abstand auf das Erlebte zurückblicken.
Er-/Sie-Erzähler: Er ist meist nur Vermittler der Geschichte und tritt als Person in den Hintergrund.

Fortsetzung auf Seite 47

Aufgaben

4. Wie wirkt die Rahmenhandlung auf die Leserin / den Leser? Vergleiche sie mit deiner Idee
für den Erzählanfang (→ S. 42, Aufgabe 4) und begründe deine Antwort.

   a) Klingt die Geschichte vom Schimmelreiter glaubwürdiger oder weniger glaubwürdig,
   wenn drei Erzähler von ihr Kenntnis haben?

   _____

   _____

   _____

   b) Muss die Leserin / der Leser mehr oder weniger mitdenken, wenn drei Erzähler
   vom Schimmelreiter berichten?

   _____

   _____

   _____

   c) Erzeugt der Rahmen Spannung oder verwirrt er?

   _____

   _____

   _____

Cornelsen

Illustration:
Petra Ballhorn, Berlin

Theodor Storm: Der Schimmelreiter (III) – Den zentralen Konflikt erarbeiten

Hauke Haien hat seinen Lebenstraum verwirklicht und einen neuen Deich errichtet. Nach einer schweren Krankheit fehlt ihm allerdings die Stärke, seinen Gegenspieler, den Deichgevollmächtigten Ole Peters, davon zu überzeugen, dass auch der alte Deich überholt werden muss. Als eine riesige Sturmflut heranrollt, befiehlt Ole Peters, den von Hauke errichteten neuen Deich zu durchstoßen. Um dem Wasser die Wucht zu nehmen, will er es auf das neu erschlossene Marschland, den Koog, ableiten. Es kommt zur Katastrophe.

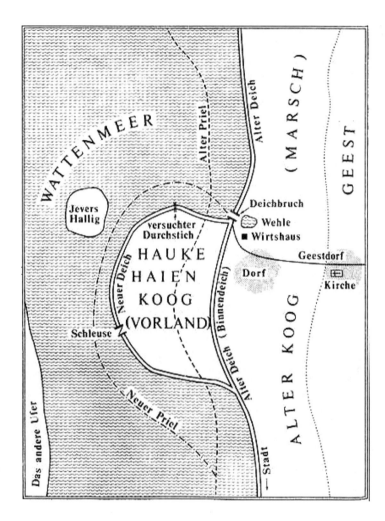

*Übersichtskarte nach Angaben der Novelle. Aus:
Hans Wagener, Theodor Storm: Der Schimmelreiter.
Erläuterungen und Dokumente. © 1976 Philipp
Reclam jun. Verlag GmbH, Ditzingen*

Gedanken und Gefühle Hauke Haiens		Gedanken und Gefühle der Deicharbeiter
	Theodor Storm: Der Schimmelreiter (1888)	

Aber das Lachen verging ihm, als seine Blicke weiter an der Linie seines Deiches entlang glitten: An der Nordwestecke – was war das dort? Ein dunkler Haufen wimmelte durcheinander; er sah, wie es sich emsig
5 rührte und drängte – kein Zweifel, es waren Menschen! Was wollten, was arbeiteten die jetzt an seinem Deich? – Und schon saßen seine Sporen dem Schimmel in den Weichen, und das Tier flog mit ihm dahin; der Sturm kam von der Breitseite; mitunter drängten
10 die Böen so gewaltig, dass sie fast vom Deiche in den neuen Koog hinabgeschleudert wären; aber Ross und Reiter wussten, wo sie ritten. Schon gewahrte Hauke, dass wohl ein paar Dutzend Menschen in eifriger Arbeit dort beisammen seien, und schon sah er deutlich,
15 dass eine Rinne quer durch den neuen Deich gegraben war. Gewaltsam stoppte er sein Pferd. „Halt!", schrie er; „halt! Was treibt ihr hier für Teufelsunfug?"

Theodor Storm: Der Schimmelreiter (III) – Den zentralen Konflikt erarbeiten

Sie hatten in Schreck die Spaten ruhen lassen, als sie auf einmal den Deichgraf unter sich gewahrten; seine
20 Worte hatte der Sturm ihnen zugetragen, und er sah wohl, dass mehrere ihm zu antworten strebten; aber er gewahrte nur ihre heftigen Gebärden; denn sie standen alle ihm zur Linken, und was sie sprachen, nahm der Sturm hinweg, der hier draußen jetzt die Menschen
25 mitunter wie im Taumel gegeneinanderwarf, sodass sie sich dicht zusammenscharten. Hauke maß mit seinen raschen Augen die gegrabene Rinne und den Stand des Wassers, das, trotz des neuen Profiles, fast an die Höhe des Deichs hinaufklatschte und Ross und
30 Reiter überspritzte. Nur noch zehn Minuten Arbeit – er sah es wohl –, dann brach die Hochflut durch die Rinne und der Hauke-Haien-Koog wurde vom Meer begraben!
Der Deichgraf winkte einem der Arbeiter an die ande-
35 re Seite seines Pferdes. „Nun, so sprich!", schrie er, „was treibt ihr hier, was soll das heißen?"
Und der Mensch schrie dagegen: „Wir sollen den neuen Deich durchstechen, Herr! Damit der alte Deich nicht bricht!"
40 „Was sollt ihr?"
„Den neuen Deich durchstechen!"
„Und den Koog verschütten? – Welcher Teufel hat euch das befohlen?"
„Nein, Herr, kein Teufel; der Gevollmächtigte Ole
45 Peters ist hier gewesen, der hat's befohlen!"
Der Zorn stieg dem Reiter in die Augen: „Kennt ihr mich?", schrie er. „Wo ich bin, hat Ole Peters nichts zu ordinieren[1]! Fort mit euch! An euere Plätze, wo ich euch hingestellt!"
50 Und da sie zögerten, sprengte er mit seinem Schimmel zwischen sie: „Fort, zu euerer oder des Teufels Groß-mutter!"
„Herr, hütet Euch!", rief einer aus dem Haufen und stieß mit seinem Spaten gegen das wie rasend sich
55 gebärdende Tier; aber ein Hufschlag schleuderte ihm den Spaten aus der Hand, ein anderer stürzte zu Bo-den. Da plötzlich erhob sich ein Schrei aus dem übri-gen Haufen, ein Schrei, wie ihn nur die Todesangst einer Menschenkehle zu entreißen pflegt; einen Au-
60 genblick war alles, auch der Deichgraf und der Schimmel, wie gelähmt; nur ein Arbeiter hatte gleich einem Wegweiser seinen Arm gestreckt; der wies nach der Nordostecke der beiden Deiche, dort wo der neue auf den alten stieß. Nur das Tosen des Sturmes
65 und das Rauschen des Wassers war zu hören. Hauke drehte sich im Sattel: Was gab das dort? Seine Augen wurden groß: „Herr Gott! Ein Bruch! Ein Bruch im alten Deich!"

„Euere Schuld, Deichgraf!", schrie eine Stimme aus
70 dem Haufen. „Euere Schuld! Nehmt's mit vor Gottes
Thron!"
Haukes zornrotes Antlitz war totenbleich geworden;
der Mond, der es beschien, konnte es nicht bleicher
machen; seine Arme hingen schlaff, er wusste kaum,
75 dass er den Zügel hielt. Aber auch das war nur ein
Augenblick; schon richtete er sich auf, ein hartes
Stöhnen brach aus seinem Munde, dann wandte er
stumm sein Pferd, und der Schimmel schnob und raste
ostwärts auf dem Deich mit ihm dahin. Des Reiters
80 Augen flogen scharf nach allen Seiten; in seinem
Kopfe wühlten die Gedanken: Was hatte er für Schuld
vor Gottes Thron zu tragen? – Der Durchstich des
neuen Deichs – vielleicht, sie hätten's fertiggebracht,
wenn er sein Halt nicht gerufen hätte; aber – es war
85 noch eins, und es schoss ihm heiß zu Herzen, er wusste es nur zu gut – im vorigen Sommer, hätte damals
Ole Peters' böses Maul ihn nicht zurückgehalten – da
lag's! Er allein hatte die Schwäche des alten Deichs
erkannt; er hätte trotz alledem das neue Werk betrei-
90 ben müssen: „Herr Gott, ja ich bekenn' es", rief er
plötzlich laut in den Sturm hinaus, „ich habe meines
Amtes schlecht gewartet!" [2]

*Theodor Storm, Der Schimmelreiter. Cornelsen Verlag GmbH, Berlin
2016, S. 133–135.*

1 ordinieren: befehlen, anordnen
2 warten: hier: ausüben, versehen

Aufgaben

1. Lies den Textauszug genau und beschrifte die Skizze so, dass deutlich wird, wie es zur Katastrophe
kommen konnte. Du kannst z. B. die Position und die Bewegungen der Figuren sowie die
Beschädigungen am Deich einzeichnen.

2. a) Notiere stichpunktartig in den Randspalten des Textes, was Hauke Haien auf der einen Seite und
   die Deicharbeiter auf der anderen Seite über den Vorfall denken und fühlen.
   b) Werte deine Notizen aus und halte fest, worin der Konflikt zwischen Hauke Haien und den
   Deicharbeitern liegt.

_____

_____

_____

_____

Theodor Storm: Der Schimmelreiter (IV) – Die Hauptfigur charakterisieren

Bevor der Reisende über den Hauke-Haien-Deich weiterreitet, der auch nach beinahe hundert Jahren noch steht, erzählt der Schulmeister das Ende der Geschichte vom Schimmelreiter. Hauke erlebt, wie der alte Deich bricht ...

Theodor Storm: Der Schimmelreiter (1888)

Wie sinnlos starrte Hauke darauf hin; eine Sündflut war's, um Tier' und Menschen zu verschlingen. Da blinkte wieder ihm der Lichtschein in die Augen; es war derselbe, den er vorhin gewahrt hatte; noch
5 immer brannte der auf seiner Werfte; und als er jetzt ermutigt in den Koog hinabsah, gewahrte er wohl, dass hinter dem sinnverwirrenden Strudel, der tosend vor ihm hinabstürzte, nur noch eine Breite von etwa hundert Schritten überflutet war; dahinter
10 konnte er deutlich den Weg erkennen, der vom Koog heranführte. Er sah noch mehr: ein Wagen, nein, eine zweiräderige Karriole[1] kam wie toll gegen den Deich herangefahren; ein Weib, ja auch ein Kind saßen darin. Und jetzt – war das nicht das
15 kreischende Gebell eines kleinen Hundes, das im Sturm vorüberflog? Allmächtiger Gott! Sein Weib, sein Kind waren es; schon kamen sie dicht heran, und die schäumende Wassermasse drängte auf sie zu. Ein Schrei, ein Verzweiflungsschrei brach aus
20 der Brust des Reiters.

1

schrie er;

2

Aber Sturm und Meer waren nicht barmherzig, ihr
25 Toben zerwehte seine Worte; nur seinen Mantel hatte der Sturm erfasst, es hätte ihn bald vom Pferd herabgerissen; und das Fuhrwerk flog ohne Aufenthalt der stürzenden Flut entgegen. Da sah er, dass das Weib wie gegen ihn hinauf die Arme streckte:
30 Hatte sie ihn erkannt? Hatte die Sehnsucht, die Todesangst um ihn sie aus dem sicheren Haus getrieben? Und jetzt – rief sie ein letztes Wort ihm zu? – Die Fragen fuhren durch sein Hirn; sie blieben ohne Antwort: von ihr zu ihm, von ihm zu ihr waren die
35 Worte all' verloren; nur ein Brausen wie vom Weltenuntergang füllte ihre Ohren und ließ keinen andern Laut hinein.

3

schrie Hauke in den Sturm hinaus. Da sank aufs
40 Neu' ein großes Stück des Deiches vor ihm in die Tiefe, und donnernd stürzte das Meer sich hinterdrein; noch einmal sah er drunten den Kopf des Pferdes, die Räder des Gefährtes aus dem wüsten Gräuel emportauchen und dann quirlend darin un-
45 tergehen. Die starren Augen des Reiters, der so einsam auf dem Deiche hielt, sahen weiter nichts.

4

sprach er leise vor sich hin; dann ritt er an den Abgrund, wo unter ihm die Wasser, unheimlich rau-
50 schend, sein Heimatsdorf zu überfluten begannen; noch immer sah er das Licht von seinem Hause schimmern; es war ihm wie entseelt. Er richtete sich hoch auf und stieß dem Schimmel die Sporen in die Weichen; das Tier bäumte sich, es hätte sich fast
55 überschlagen; aber die Kraft des Mannes drückte es herunter.

5

rief er noch einmal, wie er es so oft zum festen Ritt gerufen hatte:

6
60

Noch ein Sporenstich; ein Schrei des Schimmels, der Sturm und Wellenbrausen überschrie; dann unten aus dem hinabstürzenden Strom ein dumpfer Schall, ein kurzer Kampf.
Der Mond sah leuchtend aus der Höhe; aber unten
65 auf dem Deiche war kein Leben mehr als nur die wilden Wasser, die bald den alten Koog fast völlig überflutet hatten. Noch immer aber ragte die Werfte von Hauke Haiens Hofstatt aus dem Schwall hervor, noch schimmerte von dort der Lichtschein, und von
70 der Geest her, wo die Häuser allmählich dunkel wurden, warf noch die einsame Leuchte aus dem Kirchturm ihre zitternden Lichtfunken über die schäumenden Wellen.

Theodor Storm, Der Schimmelreiter. Cornelsen Verlag GmbH, Berlin 2016, S. 136–138.

---

1 Karriole: leichte Kutsche

**Theodor Storm: Der Schimmelreiter (IV) –
Die Hauptfigur charakterisieren**

Aufgabe

1. Die folgende wörtliche Rede gehört zu dem Textauszug. Finde heraus, an welchen Stellen sie steht. Ordne dazu jeder Ziffer einen Buchstaben zu und erkläre, was die Äußerung jeweils über den Charakter der Hauptfigur verrät.

Illustration:
Petra Ballhorn, Berlin

52

Fortsetzung auf Seite 53

Theodor Storm: Der Schimmelreiter (IV) –
Die Hauptfigur charakterisieren

Ziffer	Buchstabe	Das verrät die Äußerung über den Charakter der Hauptfigur
1		
2		
3		
4		
5		
6		

Aufgaben

2. Werte deine Aussagen aus und begründe:
   a) Welche Steigerung lässt sich in Haukes Aussagen erkennen?

   _____

   _____

   _____

   b) Welche Gründe könnten dazu beitragen, dass der Schimmelreiter noch lange nach seinem Tod
   in den Köpfen der Menschen herumspukt?

   _____

   _____

   _____

   c) Hältst du Hauke für einen Helden?

   _____

   _____

   _____

3. Theodor Storm bezeichnet die Novelle als die „Schwester des Dramas" (vgl. S. 17).
   Informiere dich über den Ausgang einer klassischen Tragödie und verdeutliche die Parallelen
   zum Erzählschluss von „Der Schimmelreiter".

   _____

   _____

   _____

   _____

Kleist, Storm, Keller – Novellenanfänge vergleichen

Heinrich von Kleist: Das Erdbeben in Chili[1] (1807/10)

In St. Jago, der Hauptstadt des Königreichs Chili, stand gerade in dem Augenblicke der großen Erderschütterung vom Jahre 1647, bei welcher viele tausend Menschen ihren Untergang fanden, ein junger,
5 auf ein Verbrechen angeklagter Spanier, namens *Jeronimo Rugera*, an einem Pfeiler des Gefängnisses, in welches man ihn eingesperrt hatte, und wollte sich erhenken. *Don Henrico Asteron*, einer der reichsten Edelleute der Stadt, hatte ihn ungefähr ein
10 Jahr zuvor aus seinem Hause, wo er als Lehrer angestellt war, entfernt, weil er sich mit *Donna Josephe*, seiner einzigen Tochter, in einem zärtlichen Einverständnis befunden hatte. Eine geheime Bestellung, die dem alten Don, nachdem er die Tochter nach-
15 drücklich gewarnt hatte, durch die hämische Aufmerksamkeit seines stolzen Sohnes verraten worden war, entrüstete ihn dergestalt, dass er sie in dem Karmeliterkloster Unsrer lieben Frauen vom Berge daselbst unterbrachte. Durch einen glücklichen Zufall hatte Jeronimo hier die Verbindung von Neuem 20 anzuknüpfen gewusst und in einer verschwiegenen Nacht den Klostergarten zum Schauplatze seines vollen Glückes gemacht. Es war am Fronleichnamsfeste und die feierliche Prozession der Nonnen, welchen die Novizen folgten, nahm eben ihren Anfang, 25 als die unglückliche Josephe, bei dem Anklange der Glocken, in Mutterwehen auf den Stufen der Kathedrale niedersank.

Heinrich von Kleist, Das Erdbeben in Chili. In: Ders., Die Marquise von O... / Das Erdbeben in Chili. Cornelsen Verlag GmbH, Berlin 2017, S. 67.

---

1 Chili: Chile

Theodor Storm: Pole Poppenspäler (1874)

Ich hatte in meiner Jugend einige Fertigkeit im Drechseln[1] und beschäftigte mich sogar wohl etwas mehr damit, als meinen gelehrten Studien zuträglich war; wenigstens geschah es, dass mich eines Tags
5 der Subrektor[2] bei Rückgabe eines nicht eben fehlerlosen Exerzitiums[3] seltsamerweise fragte, ob ich vielleicht wieder eine Nähschraube zu meiner Schwester Geburtstag gedrechselt hätte. Solche kleine Nachteile wurden indessen mehr als aufge-
10 wogen durch die Bekanntschaft mit einem trefflichen Manne, die mir infolge jener Beschäftigung zuteilwurde. Dieser Mann war der Kunstdrechsler und Mechanikus[4] Paul Paulsen, auch deputierter[5] Bürger unserer Stadt. Auf die Bitte meines Vaters, der für alles, was er mich unternehmen sah, eine 15 gewisse Gründlichkeit forderte, verstand er sich dazu, mir die für meine kleinen Arbeiten erforderlichen Handgriffe beizubringen.

Theodor Storm, Pole Poppenspäler. In: Ders., Sämtliche Werke, Band 2, hg. von Karl Ernst Laage und Dieter Lohmeier. Deutscher Klassiker Verlag, Frankfurt a. M. 1987, S. 164.

---

1 Drechseln: Holzverarbeitung
2 Subrektor: stellvertretender Schulleiter
3 Exerzitium: Übung
4 Mechanikus: Mechaniker
5 deputiert: (in den Stadtrat) abgeordnet

Gottfried Keller: Romeo und Julia auf dem Dorfe (1875)

Diese Geschichte zu erzählen, würde eine müßige Nachahmung sein, wenn sie nicht auf einem wirklichen Vorfall beruhte, zum Beweise, wie tief im Menschenleben jede jener Fabeln wurzelt, auf wel-
5 che die großen alten Werke gebaut sind. Die Zahl solcher Fabeln ist mäßig; aber stets treten sie in neuem Gewande wieder in die Erscheinung und zwingen alsdann die Hand, sie festzuhalten.
An dem schönen Flusse, der eine halbe Stunde ent-
10 fernt an Seldwyl[1] vorüberzieht, erhebt sich eine weit gedehnte Erdwelle und verliert sich, selber wohlbebaut, in der fruchtbaren Ebene. Fern an ihrem Fuße liegt ein Dorf, welches manche große Bauernhöfe enthält, und über die sanfte Anhöhe lagen vor Jahren
15 drei prächtige lange Äcker weit hingestreckt, gleich drei riesigen Bändern nebeneinander. An einem sonnigen Septembermorgen pflügten zwei Bauern auf zweien dieser Äcker, und zwar auf jedem der beiden äußersten; der mittlere schien seit langen Jahren brach und wüst zu liegen, denn er war mit Steinen 20 und hohem Unkraut bedeckt und eine Welt von geflügelten Tierchen summte ungestört über ihm. Die Bauern aber, welche zu beiden Seiten hinter ihrem Pfluge gingen, waren lange, knochige Männer von ungefähr vierzig Jahren und verkündeten auf den 25 ersten Blick den sichern, gut besorgten[2] Bauersmann.

Gottfried Keller, Romeo und Julia auf dem Dorfe. Cornelsen Verlag GmbH, Berlin 2016, S. 15.

---

1 Seldwyl: erfundener Ort in der Schweiz
2 gut besorgt: wohlhabend

Fortsetzung auf Seite 55

Kleist, Storm, Keller – Novellenanfänge vergleichen

Aufgaben

1. Welcher der drei Novellenanfänge regt dich am stärksten zum Weiterlesen an? Begründe deine Wahl.

_____

_____

_____

2. Es gehört zu den gattungstypischen Merkmalen der Novelle, dass sie das Erzählte als wahre Begebenheit ausgibt. Erkläre stichpunktartig, auf welche Weise die drei Erzählanfänge dies tun.

Heinrich von Kleist: Das Erdbeben in Chili	Theodor Storm: Pole Poppenspäler	Gottfried Keller: Romeo und Julia auf dem Dorfe
• realer Ort (St. Jago) und …		

3. Untersuche die Erzählform (Ich- oder Er-/Sie-Form) und das Erzählverhalten (auktorial, personal, neutral) der drei Texte und erläutere deren Wirkung auf die Leserin / den Leser.

Novelle	Erzählform / Erzählverhalten	Wirkung
Heinrich von Kleist: Das Erdbeben in Chili		
Theodor Storm: Pole Poppenspäler		
Gottfried Keller: Romeo und Julia auf dem Dorfe		

Fortsetzung auf Seite 56

Aufgaben

4. Verdeutliche, mit welchen Mitteln die drei Texte jeweils Spannung aufbauen.
   Formuliere dazu je zwei Fragen, die sich nach der Lektüre des Erzählbeginns stellen.

Heinrich von Kleist: Das Erdbeben in Chili	Theodor Storm: Pole Poppenspäler	Gottfried Keller: Romeo und Julia auf dem Dorfe
…	…	• Was hat Shakespeares Liebespaar Romeo und Julia mit …
…	…	…

5. Stellt euch die drei Werke gegenseitig vor. Recherchiert dazu die Handlung im Internet
   oder in Literaturlexika.

6. Schreibe selbst einen kurzen Novellenbeginn, der typische Merkmale enthält.

_____

_____

_____

_____

_____

_____

_____

Heinrich von Kleist: Die Marquise von O… (I) – Bühnenadaptionen

Die Seiten- und Zeilenangaben zu „Die Marquise von O…" beziehen sich auf die folgende Ausgabe: Heinrich von Kleist, Die Marquise von O… / Das Erdbeben in Chili. Cornelsen Verlag GmbH, Berlin 2017.

Nikolas Müller: Eine Dame emanzipiert sich – Heinrich von Kleists „Die Marquise von O…" begeistert als Bühnenfassung in der Aula (2013; Auszug)

Versmold. Silvia Armbrusters Bühnenadaption von Heinrich von Kleists Novelle „Die Marquise von O…" hat am Mittwoch mit vier glänzend aufgelegten Akteuren sowie einer Kombination aus dramati-
5 schen Elementen und einem ordentlichen Schuss Komik einen faszinierend-heiteren Blick auf die bürgerliche Fassade geworfen. Insbesondere auf die Rolle der Frau im Bürgertum des ausgehenden 18. Jahrhunderts. Vor ausverkauften Rängen entwi-
10 ckelt sich in der Versmolder Hauptschulaula vor dramatischen Hintergrund eine bisweilen absurd-amüsante Suche nach Wahrheit und Liebe, die gekonnt die Vergangenheit mit Elementen der Gegenwart verknüpft. Die verwitwete Julietta, die Marqui-
15 se von O…, eine Dame von vortrefflichem Ruf, lebt mit ihren zwei Kindern und ihren Eltern gemeinsam in Italien und wird urplötzlich in die Kriegswirren hineingezogen. Sie wird Opfer einer Vergewaltigung, kann sich aber an nichts mehr erinnern. Diese
20 Amnesie führt so weit, dass sie sich mit ihren Eltern überwirft, die ihr nicht glauben wollen, dass sie an der Schwangerschaft keine Mitschuld trägt. Sie verlässt mit ihren Kindern das Elternhaus, sucht über eine skandalöse Zeitungsanzeige nach dem
25 Kindsvater, einem russischen Grafen, dem sie während des Krieges ihr Leben verdankte und der ihr immer wie ein „Engel" vorgekommen war. Schließlich söhnt sie sich mit ihren Eltern aus, die die Unschuld ihrer Tochter erkennen, und ehelicht den
30 Grafen. Silvia Armbruster richtet in ihrer Bühnenfassung ihren Fokus auf eine Julietta, die sich vom behüteten Elternhaus mit seiner heimelnden Beschaulichkeit – es wird regelmäßig Schubert musiziert – und von der Frauenrolle emanzipiert. Sie
35 bricht mit den bürgerlichen Regeln, für die ihre Eltern stehen, entfernt sich aus der Gesellschaft, indem sie mit ihren Kindern aufs Land hinauszieht.

Da sitzt sie in ihrem Campingzelt, tauscht ihr schwarzes eng anliegendes Haute-Couture-Kleid gegen ein buntes wallendes Flower-Power-Outfit 40 und verschenkt sinnierend im Publikum Äpfel. Lisa Wildmann, leicht erkältet, lotet die Entwicklung der Marquise mit sehr viel Feingespür aus, überzeugt mit dem Bewusstsein für die verletzliche Seite ihrer Protagonistin. Anfänglich die gut erzogene Tochter, 45 wird sie im zweiten Teil zu einer selbstbewussten Frau, die ihren Weg suchen und gehen wird. Auch wenn sie sich dem Wunsch der Eltern der Heirat mit dem Grafen beugt, lieben und als Partner anerkennen wird sie ihn erst nach Jahren. […] 50

Nikolas Müller, Eine Dame emanzipiert sich – Heinrich von Kleists „Die Marquise von O…" begeistert als Bühnenfassung in der Aula. In: Westfalen-Blatt, 8.11.2013, http://www.kempf-theater.de/kritiken/ marquise.shtml (zuletzt aufgerufen am 6.11.2017)

Illustration: Petra Ballhorn, Berlin

Fortsetzung auf Seite 58

Johannes Bruggaier: Fühlst du zu stark, bist du zu schwach: „Die Marquise von O….“ in Oldenburg. Antrag auf Liebe vorerst abgelehnt (2015; Auszug)

Oldenburg. Und diese Frau, wissend lächelnd wie eine Sphinx, kühl die Bühne durchschreitend wie ein Automat, diese Frau also soll das Opfer einer Vergewaltigung sein? Gewaltsam misshandelt, ausge-
5 rechnet vom feschen Grafen F., der ihr doch eben noch als Retter erschien? Völlig unbemerkt, weil diese in jeder Faser so selbstkontrollierte Dame angeblich einem Ohnmachtsanfall erlegen war? Nein, das glauben wir nicht. Nicht hier, am Olden-
10 burgischen Staatstheater, wo das Regieduo „polasek & grau“ Heinrich von Kleists Novelle „Marquise von O…“ auf die Bühne bringt.
Regisseurin Jana Polasek zeigt die Zitadelle, in der sich diese Ungeheuerlichkeit zugetragen haben soll,
15 als luftiges Wohnhaus aus schwarzem Tuch (Bühne: Stefanie Grau), ein Gebäude, das niemanden darüber im Unklaren lässt, was hinter seinen transparenten Textilwänden geschieht. So lässt sich nicht die geringste Spur von Gewalt ausmachen, wenn der hel-
20 denmütige Graf (Yassin Trabelsi) die zarte Marquise (Franziska Werner) auf Händen in ihre Gemächer trägt. Und als diese später auf ihrer Schaukel wippend über Unwohlsein klagt, gar, als ob sie sich in „gesegneten Leibesumständen“ befände, da zeigt
25 sich kein Anschein von Verwunderung oder Besorgnis in ihrer Miene. Es wäre ihr daher ein Leichtes, dem Heiratsantrag des Grafen zu entsprechen: Die außereheliche Affäre bekäme eine nachträgliche Legitimation, statt eines Lebens in öffentlicher
30 Schande dürfte sie sich fortan mit dem Grafentitel schmücken. Doch so denkt man nicht im Hause von O., nicht die Marquise und schon gar nicht ihre Eltern.
Gefühle gelten als Schwäche in dieser Familie. Statt
35 liebevoller Umarmungen gibt es gestelzte Vorträge, und wo andere auf ihre Empfindungen hören, beruft man sich hier auf Prinzipien. Die Welt besteht aus gut und böse, richtig und falsch, schwarz und weiß. Dazwischen existiert nichts, auch nicht die Sexuali-
40 tät, die in Wahrheit bloß ein Machtspiel ist. Als solches hat die Marquise sie nämlich schon früh kennengelernt: Am sexuellen Missbrauch durch ihren Vater (Matthias Kleinert) lässt die Textvorlage wie auch diese Inszenierung keinen Zweifel.
So ist, was dem Grafen als Liebe gilt, für die Mar- 45
quise eine Spielart des Krieges. Sie führt diesen Krieg mit ihren eigenen Mitteln: Den Brautwerber gilt es hinzuhalten, bis die Früchte dieser Affäre ihn zur Abbitte zwing[en]. Erst wenn er sich zur Sünde der Verführung öffentlich bekennen muss, wenn er 50
die Ehe nicht aus freiem Willen, sondern aus gesellschaftlicher Notwendigkeit zu schließen hat, erst dann ist für die Braut dieser Krieg gewonnen.
Kühl und auf Prinzipien verweisend, richtet sie den liebestollen Stürmer und Dränger sukzessive zu 55
Grunde. Hochzeit? Tut ihr leid, aber sie habe einmal die ganz grundsätzliche Entscheidung getroffen, auf keine „Vermählung einzugehen“. Zwar sei es nicht ganz „unmöglich“, dass ihr „Entschluss“ eine „Abänderung erleide“, doch dies benötige selbstredend 60
eine Bearbeitungsfrist von einigen Wochen: Mit ähnlich herzlichen Worten wimmeln Behörden Anträge auf Steuerermäßigung ab.
Kaum ist der Galan kaltgestellt, wird mittels einer Zeitungsannonce erst einmal die Öffentlichkeit über 65
den Beischlaf informiert. Die tugendhafte Marquise von O.: Ganz plötzlich habe sie mit Entsetzen feststellen müssen, dass sie – huch? – „ohne ihr Wissen in andere Umstände gekommen“ sei. Natürlich sei sie bereit, dem Sünder zu vergeben, aber bitte nur, 70
wenn er in tiefster Demut angekrochen kommt. Und als der Graf dann also tatsächlich zum zweiten und dritten Mal erscheint, sich zerknirscht in den Staub wirft und um Vergebung bittet, da hat er sich gefälligst so lange vom Ehebett fernzuhalten, bis er auch 75
noch seinen gesamten Besitz mittels schriftlicher Erklärung auf die Gattin überträgt. […]

Johannes Bruggaier, Fühlst du zu stark, bist du zu schwach: „Die Marquise von O….“ in Oldenburg. Antrag auf Liebe vorerst abgelehnt. In: kreiszeitung.de, 13.9.2015, https://www.kreiszeitung.de/kultur/fuehlst-stark-bist-schwach-die-marquise-o-oldenburg-5522495.html (zuletzt aufgerufen am 6.11.2017)

Aufgaben

1. Kleists Novelle „Die Marquise von O…" wird häufig in dramatisierter Form als Theaterstück aufgeführt. Erläutern Sie, welche Gründe es dafür geben könnte.

2. Eine Inszenierung ist immer auch eine Interpretation.
   Übertragen Sie die Tabelle in Ihr Heft und beantworten Sie die Fragen für die beiden Inszenierungen.

	(A) Versmold	(B) Oldenburg	Textstellen aus der Novelle
Welche Rolle spielen die Eltern der Marquise?	_____ _____ (Z. …)	_____ _____ (Z. …)	pro/contra (A) _____ pro/contra (B) _____
Ist Julietta ein starker oder ein schwacher Charakter?	_____ _____	_____ _____	pro/contra (A) _____ pro/contra (B) _____
Wie wird das Ende des Dramas gestaltet?	_____ _____	_____ _____	_____ _____

3. Tragen Sie in die rechte Spalte Textstellen aus der Novelle „Die Marquise von O…" ein, die für oder gegen eine solche Interpretation des Textes sprechen.

4. Nehmen Sie begründet Stellung zu der Frage, welche Bühnenfassung dem Text eher gerecht wird. Gehen Sie hierbei auch auf die beiden Fotos ein.

Franziska Werner und Yassin Trabelsi in einer Inszenierung von polasek & grau, Oldenburgisches Staatstheater

Aufführung des Theaters Wahlverwandte, Berlin, mit Lisa Wildmann (Marquise), Inszenierung: Silvia Armbruster

Heinrich von Kleist: Die Marquise von O… (II) – Bild und Film

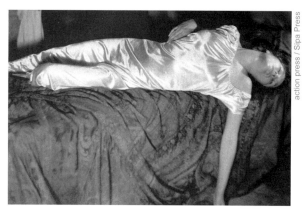

*Edith Clever im Film „Die Marquise von O."
von Éric Rohmer (1976)*

Johann Heinrich Füssli: Der Nachtmahr (1781)

Aufgaben

1. Vergleichen Sie die beiden Bilder miteinander.

2. Fassen Sie die folgende Interpretation des Bildes „Der Nachtmahr" von Johann Heinrich Füssli in eigenen Worten zusammen.

Paula Schwerdtfeger: Bild des Monats: Johann Heinrich Füsslis „Nachtmahr" (2012; Auszug)

Füssli zeigt uns weder einen Albtraum noch die reale Wirklichkeit eines Schlafzimmers. Stattdessen zeigt er uns das, was auf der Grenze zwischen Traum und Wirklichkeit sitzt und sich unserer Seele
5 bemächtigen will. Es sind jene Wesen, die sich der direkten Wahrnehmung des Menschen entziehen, die aber auf die Befindlichkeit und den menschlichen Körper einwirken. Uns durchfährt ein eisiger Schauer ob der grauenhaften Vorstellung, selbst des
10 Nachts von diesen Wesen heimgesucht zu werden: Denn hämisch grinsend hockt ein nächtlicher Dämon – der Alb oder Incubus – mit seinem ganzen Gewicht in der Magenkuhle der schlafenden Frau. Ergeben hängt sie kopfüber auf der Bettkante, die
15 durchwühlte Decke zeugt von ihrem vergeblichen Kampf gegen das Grauen, welches nun vor ihrem inneren Auge abläuft. Der Alb, der sie „besitzt", bringt Träume schrecklichster Art. Schrecklich? Eher wirkt es, als genieße sie. Sanft streicht ihr Arm
20 über den Boden und sie reckt sich der Last entgegen, die sie doch quälen sollte. Lust und Leiden liegen hier dicht beieinander. Dazu passt auch der Volksmund, der sagt, der Incubus bringe Lustträume. Getragen würde er von einem Pferd, welches im Bild durch den Vorhang des zeitgenössischen 25 Schlafzimmers blickt – mit geblendeten Augen, wie besessen. Fast hört man das schrille Wiehern des lüsternen Tieres, dessen Mähne in einem gespenstischen Wind weht. Durch diesen voyeuristischen Moment verliert die düstere Szene ihre Intimität und 30 bekommt stattdessen einen Bühnencharakter. Doch nicht nur das Pferd ergötzt sich an dem Horror der Leichtbekleideten. Auch wir, die Betrachter, erblicken das offen Dargebotene und auch unser Blick wandert über ihren Körper. Somit werden wir Teil 35 des fiesen Spiels, welches die Teuflischen mit ihrem Opfer treiben.

Paula Schwerdtfeger, Bild des Monats: Johann Heinrich Füsslis „Nachtmahr". In: Städel Blog, 2.10.2012, http://blog.staedelmuseum.de/bild-des-monats-johann-heinrich-fusslis-nachtmahr/ (zuletzt aufgerufen am 6.11.2017)

Aufgabe

3. Das linke Bild stammt aus Éric Rohmers Filmadaption der „Marquise von O…" aus dem Jahr 1976. Erörtern Sie, inwieweit die These gerechtfertigt ist, dass das Filmstill auf Füsslis Gemälde anspielt. Beziehen Sie auch den Text von Kleists Novelle mit ein.

Heinrich von Kleist: Die Marquise von O… (III) – Literaturkritik

Karl August Böttiger: Rezension zu „Die Marquise von O…" (1808; Auszug)

Die erwähnte Erzählung nun – doch sie soll wahre Begebenheit, und der Schauplatz, als ob das gar nichts zur Sache beitrüge, nur vom Norden nach Süden verlegt worden sein – führt die Überschrift:
5 Die Marquise von O… Nur die Fabel derselben angeben, heißt schon, sie aus den gesitteten Zirkeln verbannen. Die Marquise ist schwanger geworden, und weiß nicht wie, und von wem? Ist dies ein Süjet,[1] das in einem Journale für die Kunst eine
10 Stelle verdient? Und welche Details erfordert es, die keuschen Ohren durchaus widrig klingen müssen. Doch da der Verfasser der als hohes Muster aufgestellten Amazonenkönigin[2] und ihres Gefolges für das Schamerröten der weiblichen Unschuld die hohe
15 Ehrfurcht nicht zu haben scheint, die wir dafür hegen, so wollten wir mit ihm deshalb nicht rechten[3], wenn jene Erzählung nur an und für sich unterhaltend oder in einem vorzüglichen Stile geschrieben wäre. Beides vermissen wir jedoch ganz. Schon nach den ersten Seiten errät man den Schluss des 20 Ganzen, und die Menschen darin benehmen sich alle so inkonsequent, albern, selbst moralisch unmoralisch, dass für keinen Charakter irgendein Interesse gewonnen werden kann.

Karl August Böttiger, Neue Zeitschriften. In: Der Freimüthige, Nr. 46, 4.3.1808, S. 181 f., zit. nach: Sabine Doering, Heinrich von Kleist: Die Marquise von O… Erläuterungen und Dokumente. Reclam, Stuttgart 1997, S. 53–55.

---

1 Süjet: Sujet, Thema
2 Amazonenkönigin: Anspielung auf Kleists Drama „Penthesilea"
3 rechten: streiten

Theodor Fontane über „Die Marquise von O…" (1872)

Nach meinem Gefühl das Glänzendste und Vollendetste, das er [Kleist] geschrieben hat.
Über den Stoff, als ein Wagnis und Kuriosum, ist, solange diese Erzählung existiert, viel gesprochen
5 worden.
Die Marquise von O… ist in Gefahr, von siegreichen, in die Zitadelle eindringenden russischen Truppen Gewalttat zu erleiden; in diesem Moment rettet sie ein vornehmer russischer Offizier; sie sinkt
10 in Ohnmacht, er trägt sie in das Zimmer eines Seitenflügels, und hier, hingerissen von der Schönheit der Marquise (junge Witwe), nutzt er die verführerische Situation unritterlich – oder, wie andere denken mögen, etwas *zu* ritterlich – aus. Er tut das, wovor er sie eben rettete. Die Marquise erwacht erst aus ihrer 15 Ohnmacht, als der Offizier bereits wieder „in Dienst" ist und an andern Stellen der Zitadelle den letzten Widerstand des Feindes bricht. Alles dies, was hier ziemlich bedenklich und ziemlich lächerlich klingt, ist mit äußerster Geschicklichkeit kurz 20 und knapp und mit einer gewissen frauenärztlichen Objektivität vorgetragen, sodass es einen Menschen, der wiederum seinerseits die Menschen kennt, nicht im Geringsten stören kann. Man empfindet – indem man es als unritterlich verwirft –, dass man nichts- 25 destoweniger desselben Fauxpas[1] fähig gewesen

Illustration: Petra Ballhorn, Berlin

61

Fortsetzung auf Seite 62

wäre. Wohlverstanden, man entdeckt die *Möglichkeit* dazu im eignen Herzen. Damit, da man das eigne Fühlen als Maßstab nimmt, fällt alles Hässli-
30 che fort. Es bleibt nur noch die Frage nicht nach der moralischen, sondern nach der *physischen* Möglichkeit. Wer will dies entscheiden? Selbst ein Conclusum[2] von einer halb aus Don Juans und halb aus Frauendoktoren zusammengesetzten Körperschaft
35 würde diese Sache nicht endgültig entscheiden können. Ich, nach meinem dummen Verstande, halte es für *sehr gut* möglich. Jedenfalls ist das landesübliche „violer"[3] viel schwieriger.

Wie man nun aber auch über diese „*Exposition* des
40 Stückes" denken mag, die Entwicklung und Durchführung zählt zu dem Glänzendsten, Besten und Liebenswürdigsten. Denn alle Personen, die uns vorgeführt werden, sind edle Naturen und haben recht in ihrem Tun. Die Eltern und der Bruder der
45 Marquise, diese selbst, endlich der russische Offizier (Oberstleutnant Graf F.): Alle handeln korrekt, der

jedesmaligen Situation entsprechend, und befriedigen unser menschliches und ästhetisches Gefühl. Die Marquise selbst, schamhaft ohne Prüderie, zart, rücksichtsvoll und doch voll hohen Muts, ist ein 50 entzückender Frauencharakter; ebenso ist der russische Graf, durch dessen ganzes Tun und vornehmste Haltung immer das Schuldbewusstsein durchdringt, eine höchst ansprechende Figur.

Alles löst sich zum Guten, nachdem wir lange vor 55 einem tragischen Ausgang gebangt haben, und den Hartgeprüften erschließt sich ein vollstes Glück. Eine Meisterarbeit.

Theodor Fontane, Unveröffentlichte Aufzeichnungen und Briefe, hg. von Hans-Heinrich Reuter. In: Sinn und Form 13 (1961), S. 704 f.

1 Fauxpas: frz. Fehltritt, Verstoß gegen die Umgangsformen
2 Conclusum: lat. beratende Versammlung hinter verschlossenen Türen
3 violer: frz. vergewaltigen

Aufgaben

1. Stellen Sie die Hauptthesen der Rezensionen von Böttiger und Fontane in einer Tabelle stichpunktartig gegenüber.

Karl August Böttiger	Theodor Fontane

2. Erörtern Sie am Beispiel der Eltern der Marquise, inwieweit „alle Personen, die uns vorgeführt werden, […] edle Naturen" sind und „recht in ihrem Tun" (Fontane, Z. 42–44) haben.

3. Erläutern Sie, ob der Graf „korrekt, der […] Situation entsprechend" handelt (Fontane, Z. 46 f.).

Heinrich von Kleist: Die Marquise von O… (IV) – Die Novelle als Comic

Heinrich von Kleist: Die Marquise von O… (1808; Auszug)

„Herr meines Lebens!", rief die Marquise, erhob sich leichenblass von ihren Knien und eilte aus seinen Gemächern wieder hinweg. „Man soll sogleich anspannen", sagte sie, indem sie in die ihrigen trat;
5 setzte sich, matt bis in den Tod, auf einen Sessel nieder, zog ihre Kinder eilfertig an und ließ die Sachen einpacken. Sie hatte eben ihr Kleinstes zwischen den Knien und schlug ihm noch ein Tuch um, um nunmehr, da alles zur Abreise bereit war, in den
10 Wagen zu steigen: als der Forstmeister eintrat und auf Befehl des Kommandanten die Zurücklassung und Überlieferung der Kinder von ihr forderte. „Dieser Kinder?", fragte sie; und stand auf. „Sag deinem unmenschlichen Vater, dass er kommen und
15 mich niederschießen, nicht aber mir meine Kinder entreißen könne!" Und hob, mit dem ganzen Stolz der Unschuld gerüstet, ihre Kinder auf, trug sie, ohne dass der Bruder gewagt hätte, sie anzuhalten, in den Wagen und fuhr ab.

Durch diese schöne Anstrengung mit sich selbst 20 bekannt gemacht, hob sie sich plötzlich, wie an ihrer eigenen Hand, aus der ganzen Tiefe, in welche das Schicksal sie herabgestürzt hatte, empor. Der Aufruhr, der ihre Brust zerriss, legte sich, als sie im Freien war, sie küsste häufig die Kinder, diese ihre 25 liebe Beute, und mit großer Selbstzufriedenheit gedachte sie, welch einen Sieg sie, durch die Kraft ihres schuldfreien Bewusstseins, über ihren Bruder davongetragen hatte.

Heinrich von Kleist, Die Marquise von O…. In: Ders., Die Marquise von O… / Das Erdbeben in Chili. Cornelsen Verlag GmbH, Berlin 2017, S. 42.

Aufgaben

1. Lesen Sie die Textpassage, in der die Marquise das elterliche Haus mit ihren Kindern verlässt.

2. „Durch diese schöne Anstrengung mit sich selbst bekannt gemacht, hob sie sich plötzlich, wie an ihrer eigenen Hand, aus der ganzen Tiefe, in welche das Schicksal sie herabgestürzt hatte, empor." Erläutern Sie, welchen Einfluss dieses Ereignis auf die Entwicklung der Marquise hat.

3. Der Maler, Filmemacher und Kunstdozent Andrea Grosso Ciponte hat 2015 einen Comic zu „Die Marquise von O…" gezeichnet (→ S. 64). Tragen Sie in die runden Sprechblasen des Comics ein, was die Marquise denkt/spricht, und in die eckigen, was die Eltern denken/sagen.

4. Zu Grosso Cipontes Comic hat Dacia Palmerino einen gekürzten und veränderten Text verfasst. Der Textauszug auf S. 65 gibt die Handlung vom Verlassen des Elternhauses bis zum Schluss wieder. Erklären Sie, welche Änderungen im Handlungsverlauf vorgenommen wurden.

5. Stellen Sie in einem kurzen Text dar, wie Kleists Novelle in dem Comic interpretiert wird.

6. Passt das Coverbild auf S. 65 zu dieser Interpretation? Begründen Sie Ihre Meinung.

7. Erörtern Sie, inwieweit eine solche Interpretation der Novelle gerecht wird.

Fortsetzung auf Seite 64

Fortsetzung von Seite 63

Heinrich von Kleist: Die Marquise von O… (IV) –
Die Novelle als Comic

Andrea Grosso Ciponte / Dacia Palmerino: Marquise von O…. (2015; Ausschnitt)

Cornelsen

Fortsetzung auf Seite 65

**Andrea Grosso Ciponte / Dacia Palmerino:
Marquise von O…. (2015; Auszug)**

Sagt, dass alles nur ein böser Traum ist, Mutter …
Ein langer, böser Traum nur, aus dem ich bald erwache.

Der Krieg, mein Zustand, das Leid … Nichts davon
5 ist wirklich geschehen. Ich werde erwachen und
mich wiederfinden im Schoß meiner Familie. Mein
Leben wird weiter seinen ruhigen und heiteren Verlauf nehmen. Und meine Seele wird Frieden finden.
Aber was ist das? Ich traue meinen Augen nicht?!
10 „Wenn die Frau Marquise von O… sich am 3ten …
11 Uhr morgens zuhause einfinden will: so wird sich
derjenige, den sie sucht, ihr daselbst zu Füßen werfen."

So war es doch kein Traum! Und ich bin meiner
15 Sinne mächtig! Es ist wirklich geschehen …
Sei's drum. Endlich werde ich erfahren, wer mich so
schändlich hintergangen hat. Zum Auswurf seiner
Gattung muss er gehören, und kann, auf welchem
Platz der Welt man ihn auch denken wolle, nur aus
20 dem zertretensten und unflätigsten Schlamm hervorgegangen sein …
Und doch habe ich das Wesen in meinem Schoß in
größter Unschuld und Reinheit empfangen. Sein
Ursprung ist geheimnisvoller, aber auch göttlicher
25 als der anderer Menschen. Ach, Sohn der Unschuld,
du bist auch Sohn der Ehrlosigkeit. Ein Schandfleck
wird dir in der bürgerlichen Gesellschaft ankleben.
Aber du wirst anerkannter Sohn deines nichtswürdigen Vaters sein.
30 Nein, ich *will nichts* wissen …
Wer der Schuldige ist, gilt mir völlig gleichviel. Und
will doch vergehen vor Zweifel. Und Erwartung …
Vom Grafen F…, meinem rettenden Engel, fehlt
weiterhin jede Spur.
35 Ich kann ihn nicht vergessen … den Engel, der meine Tugend verteidigt hat. Und meine Ehre.
Julietta, geliebte Frau …
Graf, Ihr hier? Ich glaubte Euch gefallen im Kampf.
Entschwunden, bevor ich Euch danken konnte …
40 Doch Ihr solltet nicht hier sein, Göttlicher, Erhabener, und ein solch beflecktes Wesen umarmen. Graf,
wenn Ihr nur wüsstet …
… am 3ten … 11 Uhr morgens
Graf, Ihr …
45 Nichts … Ich *will nichts* wissen.
Das Wesen unter meinem Herzen ist nicht göttlichen
Ursprungs.

Andrea Grosso Ciponte / Dacia Palmerino: „Marquise von O…." Edition Faust, Frankfurt am Main

Es ist der Sohn des Teufels.

Gehn Sie! Gehn Sie! Auf einen Lasterhaften war ich
gefasst, aber auf keinen … Dämon! 50
Ihr würdet mir jetzt nicht wie ein Teufel erscheinen,
wenn Ihr mir damals nicht wie ein Engel vorgekommen wärt.
Ist es das, was das Schicksal für mich bereithält?
So sei es also … 55
Erkennt Ihr demnach die Schuld an meinem Zustand
an und Vater des Kindes zu sein, das ich unter dem
Herzen trage?
Nun könnt auch Ihr es sehen, Mutter …
Alle können es sehen! 60
Unter vielen hat er mich auserwählt, das Böse zu
empfangen und großzuziehen.
Ich bin bereit.
Ende

*Dacia Palmerino, Marquise von O…. Nach Kleists „Marquise von
O…", adaptiert von Dacia Palmerino und gezeichnet von Andrea
Grosso Ciponte. Aus dem Italienischen von Myriam Alfano. Edition
Faust, Frankfurt am Main 2015, S. 45–61.*

Heinrich von Kleist: Das Erdbeben in Chili (I) – Den geistesgeschichtlichen Kontext kennenlernen

Die Seiten- und Zeilenangaben zu „Das Erdbeben in Chili" beziehen sich auf die folgende Ausgabe: Heinrich von Kleist, Die Marquise von O... / Das Erdbeben in Chili. Cornelsen Verlag GmbH, Berlin 2017.

Steffen Richter: Betrachtet diese furchtbaren Ruinen (2005)
Erdbeben, Tsunami und kein Trost: Wie vor 250 Jahren in Lissabon der Aufklärungsoptimismus in sich zusammenbrach

Viele Häuser waren eingestürzt, Feuer breiteten sich aus, das Wasser trug die Leichname Ertrunkener aufs Meer hinaus. Wer zu fliehen versuchte, musste über tote Männer, Frauen und Kinder hinwegstei-
5 gen, das Geschrei der Verletzten in den Ohren. So berichten es die Augenzeugen. Gesehen haben sie nicht etwa das jüngste Erdbeben in Pakistan, nicht die Sturmflut in Südostasien und nicht die Hurrikan-Serie in der Karibik und den USA. Die Augenzeu-
10 gen berichten vom Urbild aller neuzeitlichen Naturkatastrophen, dem Erdbeben von Lissabon.
Am 1. November 1755, an Allerheiligen vor genau 250 Jahren, bebte in der portugiesischen Hauptstadt zur Zeit des Kirchgangs die Erde. Das Beben, das
15 nach heutigen Maßstäben die Stärke von 8,7 erreichte, dauerte keine zehn Minuten. Die folgende Flutwelle soll bis zu 10 Meter hoch gewesen sein. Doch die Brände, die sich an den unbewachten Feuerstellen entzündet hatten, wüteten noch weitere fünf oder
20 sechs Tage. Allein in Lissabon belief sich die Zahl der Toten auf 10- bis 15.000. Insgesamt starben auf der Iberischen Halbinsel und an der afrikanischen Nordküste 235.000 Menschen an Erdbeben und Tsunami.
25 [...] Das Erdbeben zerstörte mit dem königlichen Domizil, der Kathedrale samt Inquisitions-Palast und den großen Handelshäusern die realen und symbolischen Orte politischer, religiöser und merkantiler[1] Macht. Die Welt war gründlich aus den Fugen
30 geraten. Portugals Premierminister Sebastião José de Carvalho e Melo, der später geadelte Marquês de Pombal, wurde zum Mann der Stunde. Als Katastrophen-Manager und Initiator des Wiederaufbaus zog der machiavellistische[2] Pragmatiker – „Beerdigt
35 die Toten und ernährt die Lebenden" – in die Geschichtsbücher ein. Doch während man sich in Lissabon noch um das Nächstliegende kümmerte, war in Europa eine Debatte entbrannt, die das Jahrhundert der Aufklärung in seiner Substanz auf den Prüf-
40 stand stellte.
Etwa zwei Wochen benötigten die Nachrichten vom Beben, um in die Metropolen Paris oder London zu gelangen. Voltaire, seinerzeit in Genf, schlüpfte umgehend in die Rolle des philosophisch-operativen

Lyrikers. Sein gut 200 Verse umfassendes „Gedicht 45
über die Katastrophe von Lissabon" machte das
Ereignis noch im Dezember 1755 zum Diskussions-
stoff in den europäischen Salons. Denn es trug den
Zusatz: „Untersuchung des Grundsatzes: ‚Alles ist
gut'." Hier nun war Gottfried Wilhelm Leibniz ge- 50
meint. In seiner „Theodizee" (1710) hatte der deutsche Philosoph die – in christlicher Tradition – seit
Hiob anhängige Frage behandelt, wie sich die All-
macht und Güte Gottes mit dem unzweifelhaft exis-
tierenden Bösen verträgt. Leibniz' Lösungsvor- 55
schlag läuft darauf hinaus, dass Gott bei seiner
Schöpfung notwendigerweise unvollkommene Wesen zeugen musste, wollte er nicht seinesgleichen

> „hier wälzte sich, aus seinem Gestade gehoben, der Mapachofluss auf ihn heran"
>
> „an die Stelle, wo sich ihr väterliches Haus befunden hatte, war ein See getreten"

schaffen. Das Übel resultiere schon aus der Endlich-
keit der Welt. Und doch sei es begrenzt, da Gott auf 60
Vollkommenheit abziele und er unsere Welt aus
einer unendlichen Zahl möglicher Welten geschaffen habe. Die bestehende sei somit „die beste aller
möglichen Welten". Diesem philosophischen Dik-
tum hatte der Dichter Alexander Pope mit seinem 65
„Essay on Man" poetisch sekundiert[3]: „Whatever is,
is right." Auch die Berliner Akademie der Wissen-
schaften unter der Ägide Friedrichs II. trieb das
Problem um. Eine Preisfrage sollte das „Pope'sche
System" (richtiger: seine Leibniz'sche Basis) mit 70
dem Lehrsatz „Alles ist gut" untersuchen. Zur Debatte stand also nicht weniger als der noch heute
sprichwörtliche Aufklärungsoptimismus. Und zwar
just im Jahr 1755. Die Lissaboner Verheerungen
erschienen wie ein natürlicher Schiedsspruch in der 75
philosophischen Sache.
Entsprechend polemisch fiel Voltaires in Alexandri-
ner gefasste Invektive gegen die Optimismus-
Verfechter aus: „Getäuschte Philosophen", poltert
er, „die ihr schreit: ‚Alles ist gut'; Kommt her, be- 80

Fortsetzung auf Seite 67

trachtet diese furchtbaren Ruinen." Das nun rief den geschworenen Voltaire-Gegner Jean-Jacques Rousseau auf den Plan. In seinem „Brief über die Vorsehung" (1756) hält er Voltaire vor, Trostverweigerung zu betreiben. Im Übrigen sei es nicht die Natur gewesen, die in Lissabon sechs- und siebengeschossige Häuser erbaut hätte. Ohne die Hybris und Verkommenheit der Menschen, die weniger ihre Person als ihre materielle Habe zu retten versuchten, wäre es nie zu einem solchen Desaster gekommen. […]
Die Deutung der Katastrophe als Gottesstrafe und Vorbote des Jüngsten Gerichts, wie sie im ach so aufgeklärten 18. Jahrhundert verbreitet war, ist außerhalb Europas auch heute etwa als „Strafgericht Allahs" en vogue. In Europa selbst hat sich zwar die Metaphorik erhalten – ein deutsches Nachrichtenmagazin schrieb angesichts des Tsunamis im Indischen Ozean von „Sintflut im Paradies" und „Szenen aus der biblischen Endzeit" –, doch ist die Argumentation weitgehend säkularisiert. Die Akzeptanz einer sinnfreien und intentionslosen Natur, der man mit moralischen Kategorien nicht beikommt, hat sich durchgesetzt. Das Erdbeben von Lissabon bezeichnet dabei die historische Schwelle, auf der die Rede von Sünde und Schuld durch die von Katastrophe und Risiko abgelöst wird – so der Tenor einer wissenschaftlichen Tagung zum Erdbeben, die kürzlich in Göttingen stattfand. Bei Voltaire, der vom „traurigen Spiel des Zufalls" spricht, aber auch bei Goethe, dem angesichts des „außerordentlichen Weltereignisses" die „Güte Gottes einigermaßen verdächtig geworden war", ist diese Haltung vorgeprägt. […]
Der Schock, der den Aufklärungsoptimismus so tief traf und das Gott- und Weltvertrauen nachhaltig störte, bestand vor allem darin, dass sich die Natur nicht berechnen lässt. […]

Steffen Richter, Betrachtet diese furchtbaren Ruinen. In: Die Welt, 29.10.2005, https://www.welt.de/print-welt/article173962/Betrachtet-diese-furchtbaren-Ruinen.html (zuletzt aufgerufen am 6.11.2017).

---

1 merkantil: wirtschaftlich, kaufmännisch
2 machiavellistisch: Machiavellist: rücksichtsloser Machtpolitiker, abgeleitet von Niccolò Machiavelli (1469–1527)
3 sekundieren: jemandem beistehen

Aufgaben

1. Kleist bezieht sich zwar auf das Erdbeben von Santiago de Chile am 13. Mai 1647, seine zeitgenössischen Leser erinnert er aber damit an die Lissaboner Katastrophe von 1755. Ordnen Sie in einer Tabelle den im Text unterstrichenen Stellen Textstellen aus Kleists Novelle (S. 67–84) zu.

Steffen Richter	Kleist, Das Erdbeben in Chili
Viele Häuser waren eingestürzt (Z. 1)	…
Die folgende Flutwelle (Z. 16 f.)	„hier wälzte sich, aus seinem Gestade gehoben, der Mapachofluss auf ihn heran" (S. 69, Z. 21 f.) „an die Stelle, wo sich ihr väterliches Haus befunden hatte, war ein See getreten" (S. 72, Z. 21 f.)
…	…

2. Beschreiben Sie mit eigenen Worten, welche Bedeutung Steffen Richter dem Erdbeben von Lissabon beimisst.

**Heinrich von Kleist: Das Erdbeben in Chili (I) –
Den geistesgeschichtlichen Kontext kennenlernen**

Aufgaben

3. Stellen Sie in einer Tabelle die erwähnten philosophischen Positionen zusammen.

Voltaire (1694–1778)	Gottfried Wilhelm Leibniz (1646–1716)
Johann Wolfgang von Goethe (1749–1832)	**Sir Alexander Pope (1688–1744)**
Jean-Jacques Rousseau (1712–1778)	**Heutiges Denken (Tagung in Göttingen)**

4. Erläutern Sie, wie folgende Begriffe zur Bedeutung des Erdbebens zu Kleists Text passen:
„Gottesstrafe" (Z. 91), „intentionslose Natur" (Z. 101), „trauriges Spiel des Zufalls" (Z. 109).

Cornelsen

Illustration:
Petra Ballhorn, Berlin

Heinrich von Kleist: Das Erdbeben in Chili (II) –
Die Handlungsstruktur untersuchen

David E. Wellbery, Semiotische Anmerkungen zu Kleists „Das Erdbeben in Chili" (1985)

A	B	C
Seite, Zeile: _____	Seite, Zeile: _____	Seite, Zeile: _____
‚Erdbeben'	‚Täuschung' (_____)	‚Mord'
‚Gewalt' (_____)	‚Frieden' (_____)	‚Gewalt' (_____)
‚Stadt → Land'	‚Land'	‚Land → Stadt'

David E. Wellbery, Semiotische Anmerkungen zu Kleists „Das Erdbeben in Chili". In: Positionen der Literaturwissenschaft. Acht Modellanalysen am Beispiel von Kleists „Das Erdbeben in Chili", hg. von David E. Wellbery [1985]. 5. Aufl. C.H. Beck, München 2007, S. 72.

Aufgaben

1. Der Literaturwissenschaftler David E. Wellbery hat die Struktur der Novelle „Das Erdbeben in Chili" durch das obige Schema veranschaulicht.
   a) Ergänzen Sie die Seiten- und Zeilenangaben für die drei Handlungsteile A, B und C.
   b) Fügen Sie in die Klammern in Stichworten die Handlungselemente ein, die sich mit den Schlagworten ‚Gewalt', ‚Täuschung' usw. umschreiben lassen.

2. Ergänzen Sie das Strukturschema, indem Sie die Begriffe aus dem Wortspeicher dort einfügen, wohin Sie Ihrer Meinung nach passen. Begründen Sie Ihre Entscheidungen.

> Strafe • Gesetz • natürliche Liebe • Verbot • Übertretung •
> Zufall • Familie • Kirche • Staat

Heinrich von Kleist: Das Erdbeben in Chili (III) – Die Beschreibung des Bebens analysieren

In der Novelle gibt es zwei Beschreibungen des Erdbebens, da die Erlebnisse Jeronimos und Josephes nacheinander wiedergegeben werden (S. 68 f. und 71 f.).

Heinrich von Kleist: Das Erdbeben in Chili (1807/10)

Die Glocken, welche Josephen zum Richtplatz begleiteten, ertönten [...], als plötzlich der größte Teil der Stadt, mit einem Gekrache, als ob das Firmament einstürzte, versank und alles, was Le-
⁵ben atmete, unter seinen Trümmern begrub. [...] Der Boden wankte unter seinen Füßen, alle Wände des Gefängnisses rissen, der ganze Bau neigte sich, nach der Straße zu einzustürzen, und nur der seinem langsamen Fall begegnende Fall des ge-
¹⁰genüberstehenden Gebäudes verhinderte, durch eine zufällige Wölbung, die gänzliche Zubodenstreckung desselben. Zitternd, mit sträubenden Haaren und Knien, die unter ihm brechen wollten, glitt Jeronimo über den schiefgesenkten Fuß-
¹⁵boden hinweg, der Öffnung zu, die der Zusammenschlag beider Häuser in die vordere Wand des Gefängnisses eingerissen hatte. Kaum befand er sich im Freien, als die ganze, schon erschütterte Straße auf eine zweite Bewegung der Erde völ-
²⁰lig zusammenfiel.

Josephe war, auf ihrem Gang zum Tode, dem Richtplatze schon ganz nahe gewesen, als durch den krachenden Einsturz der Gebäude plötzlich der ganze Hinrichtungszug auseinandergesprengt ward. [...] Sie fand das ganze Kloster schon in
⁵Flammen und die Äbtissin, die ihr in jenen Augenblicken, die ihre letzten sein sollten, Sorge für den Säugling angelobt hatte, schrie eben, vor den Pforten stehend, nach Hülfe, um ihn zu retten. Josephe stürzte sich, unerschrocken durch den
¹⁰Dampf, der ihr entgegenqualmte, in das von allen Seiten schon zusammenfallende Gebäude und gleich als ob alle Engel des Himmels sie umschirmten, trat sie mit ihm unbeschädigt wieder aus dem Portal hervor. Sie wollte der Äbtissin,
¹⁵welche die Hände über ihr Haupt zusammenschlug, eben in die Arme sinken, als diese, mit fast allen ihren Klosterfrauen, von einem herabfallenden Giebel des Hauses auf eine schmähliche Art erschlagen ward. Josephe bebte bei diesem
²⁰entsetzlichen Anblicke zurück [...].

Illustration:
Petra Ballhorn, Berlin

Heinrich von Kleist: Das Erdbeben in Chili (III) –
Die Beschreibung des Bebens analysieren

Besinnungslos, wie er sich aus diesem allgemeinen Verderben retten würde, eilte er, über Schutt und Gebälk hinweg, indessen der Tod von allen Seiten Angriffe auf ihn machte, nach einem der nächsten Tore der Stadt. Hier stürzte noch ein Haus zusammen und jagte ihn, die Trümmer weit umherschleudernd, in eine Nebenstraße; hier leckte die Flamme schon, in Dampfwolken blitzend, aus allen Giebeln und trieb ihn schreckenvoll in eine andere; hier wälzte sich, aus seinem Gestade gehoben, der Mapachofluss auf ihn heran und riss ihn brüllend in eine dritte. Hier lag ein Haufen Erschlagener, hier ächzte noch eine Stimme unter dem Schutte, hier schrien Leute von brennenden Dächern herab, hier kämpften Menschen und Tiere mit den Wellen, hier war ein mutiger Retter bemüht, zu helfen; hier stand ein anderer, bleich wie der Tod, und streckte sprachlos zitternde Hände zum Himmel. Als Jeronimo das Tor erreicht und einen Hügel jenseits desselben bestiegen hatte, sank er ohnmächtig auf demselben nieder.

Sie hatte noch wenig Schritte getan, als ihr auch schon die Leiche des Erzbischofs begegnete, die man soeben zerschmettert aus dem Schutt der Kathedrale hervorgezogen hatte. Der Palast des Vizekönigs war versunken, der Gerichtshof, in welchem ihr das Urteil gesprochen worden war, stand in Flammen und an die Stelle, wo sich ihr väterliches Haus befunden hatte, war ein See getreten und kochte rötliche Dämpfe aus. Josephe raffte alle ihre Kräfte zusammen, sich zu halten. Sie schritt, den Jammer von ihrer Brust entfernend, mutig mit ihrer Beute von Straße zu Straße und war schon dem Tore nah, als sie auch das Gefängnis, in welchem Jeronimo geseufzt hatte, in Trümmern sah. Bei diesem Anblicke wankte sie und wollte besinnungslos an einer Ecke niedersinken; doch in demselben Augenblick jagte sie der Sturz eines Gebäudes hinter ihr, das die Erschütterungen schon ganz aufgelöst hatten, durch das Entsetzen gestärkt, wieder auf; sie küsste das Kind, drückte sich die Tränen aus den Augen und erreichte, nicht mehr auf die Gräuel, die sie umringten, achtend, das Tor.

Heinrich von Kleist, Das Erdbeben in Chili. In: Ders.: Die Marquise von O… / Das Erdbeben in Chili. Cornelsen Verlag GmbH, Berlin 2017, S. 68 f. und 71 f.

Aufgaben

1. Vergleichen Sie die beiden Textstellen miteinander und markieren Sie Gemeinsamkeiten mit Pfeilen.

2. Unterstreichen Sie alle Wörter, die mit dem Wortfeld „fallen/stürzen" zu tun haben.

3. Erläutern Sie, welche Bedeutung dem *Zufall* in der Novelle zukommt.

Gerhart Hauptmann: Bahnwärter Thiel – Naturalistisches Schreiben

Die literarische Epoche des Naturalismus Ende des 19. Jahrhunderts ist ein internationales Phänomen. Wesentliche Impulse für die deutschsprachigen Naturalisten kamen aus anderen europäischen Ländern, etwa von den russischen Autoren Fjodor Dostojewksi (1821–1881) und Leo Tolstoi (1828–1910), dem französischen Romancier Émile Zola (1840–1902), dem norwegischen Dramatiker Hendrik Ibsen (1828–1906) und dem schwedischen Schriftsteller August Strindberg (1849–1912). In Deutschland gilt Gerhart Hauptmann heute als Hauptvertreter des Naturalismus, unter anderem wegen seiner beispielhaften Novelle „Bahnwärter Thiel" (1887).

Aufgabe

1. Lesen Sie die folgenden Textauszüge aus der Novelle „Bahnwärter Thiel" von Gerhart Hauptmann.

Gerhart Hauptmann: Bahnwärter Thiel (1887)

Allsonntäglich saß der Bahnwärter Thiel in der Kirche zu Neu-Zittau, ausgenommen die Tage, an denen er Dienst hatte oder krank war und zu Bett lag. Im Verlaufe von zehn Jahren war er zweimal krank
5 gewesen; das eine Mal infolge eines vom Tender[1] einer Maschine während des Vorbeifahrens herabgefallenen Stückes Kohle, welches ihn getroffen und mit zerschmettertem Bein in den Bahngraben geschleudert hatte; das andere Mal einer Weinflasche
10 wegen, die aus dem vorüberrasenden Schnellzuge mitten auf seine Brust geflogen war. Außer diesen beiden Unglücksfällen hatte nichts vermocht, ihn, sobald er frei war, von der Kirche fernzuhalten.
Die ersten fünf Jahre hatte er den Weg von Schön-
15 Schornstein, einer Kolonie an der Spree, herüber nach Neu-Zittau allein machen müssen. Eines schönen Tages war er dann in Begleitung eines schmächtigen und kränklich aussehenden Frauenzimmers erschienen, die, wie die Leute meinten, zu seiner
20 herkulischen Gestalt wenig gepasst hatte. Und wiederum eines schönen Sonntagnachmittags reichte er dieser selben Person am Altare der Kirche feierlich die Hand zum Bunde fürs Leben. Zwei Jahre nun saß das junge, zarte Weib ihm zur Seite in der Kir-
25 chenbank; zwei Jahr blickte ihr hohlwangiges, feines Gesicht neben seinem vom Wetter gebräunten in das uralte Gesangbuch –; und plötzlich saß der Bahnwärter wieder allein wie zuvor.
An einem der vorangegangenen Wochentage hatte
30 die Sterbeglocke geläutet: Das war das Ganze.
An dem Wärter hatte man, wie die Leute versicherten, kaum eine Veränderung wahrgenommen. Die Knöpfe seiner sauberen Sonntagsuniform waren so blank geputzt wie je zuvor, seine roten Haare so
35 wohlgeölt und militärisch gescheitelt wie immer, nur dass er den breiten, behaarten Nacken ein wenig gesenkt trug und noch eifriger der Predigt lauschte

oder sang, als er es früher getan hatte. Es war die allgemeine Ansicht, dass ihm der Tod seiner Frau nicht sehr nahegegangen sei; und diese Ansicht
40 erhielt eine Bekräftigung, als sich Thiel nach Verlauf eines Jahres zum zweiten Male, und zwar mit einem dicken und starken Frauenzimmer, einer Kuhmagd aus Alt-Grunde, verheiratete.
Auch der Pastor gestattete sich, als Thiel die Trau-
45 ung anzumelden kam, einige Bedenken zu äußern:
„Ihr wollt also schon wieder heiraten?"
„Mit der Toten kann ich nicht wirtschaften, Herr Prediger!"
„Nun ja wohl – aber ich meine – Ihr eilt ein wenig."
50
„Der Junge geht mir drauf, Herr Prediger."
Thiels Frau war im Wochenbett gestorben, und der Junge, welchen sie zur Welt gebracht, lebte und hatte den Namen Tobias erhalten.
„Ach so, der Junge", sagte der Geistliche und mach-
55 te eine Bewegung, die deutlich zeigte, dass er sich des Kleinen erst jetzt erinnere. „Das ist etwas andres – wo habt Ihr ihn denn untergebracht, während Ihr im Dienst seid?"
Thiel erzählte nun, wie er Tobias einer alten Frau
60 übergeben, die ihn einmal beinahe habe verbrennen lassen, während er ein anderes Mal von ihrem Schoß auf die Erde gekugelt sei, ohne glücklicherweise mehr als eine große Beule davonzutragen. Das könne nicht so weitergehen, meinte er, zudem da der
65 Junge, schwächlich wie er sei, eine ganz besondere Pflege benötige. Deswegen und ferner, weil er der Verstorbenen in die Hand gelobt, für die Wohlfahrt des Jungen zu jeder Zeit ausgiebig Sorge zu tragen, habe er sich zu dem Schritte entschlossen. –
70
Gegen das neue Paar, welches nun allsonntäglich zur Kirche kam, hatten die Leute äußerlich durchaus nichts einzuwenden. Die frühere Kuhmagd schien für den Wärter wie geschaffen. Sie war kaum einen

Fortsetzung auf Seite 73

Fortsetzung von Seite 72

Gerhart Hauptmann: Bahnwärter Thiel –
Naturalistisches Schreiben

75 halben Kopf kleiner als er und übertraf ihn an Glie-
derfülle. Auch war ihr Gesicht ganz so grob geschnitten wie das seine, nur dass ihm im Gegensatz
zu dem des Wärters die Seele abging.

Wenn Thiel den Wunsch gehegt hatte, in seiner zwei-
80 ten Frau eine unverwüstliche Arbeiterin, eine muster-
hafte Wirtschafterin zu haben, so war dieser Wunsch
in überraschender Weise in Erfüllung gegangen. Drei
Dinge jedoch hatte er, ohne es zu wissen, mit seiner
Frau in Kauf genommen: eine harte, herrschsüchtige
85 Gemütsart, Zanksucht und brutale Leidenschaftlich-
keit. Nach Verlauf eines halben Jahres war es ortsbe-
kannt, wer in dem Häuschen des Wärters das Regi-
ment führte. Man bedauerte den Wärter.

Es sei ein Glück für „das Mensch", dass sie so ein
90 gutes Schaf wie den Thiel zum Manne bekommen
habe, äußerten die aufgebrachten Ehemänner; es

gäbe welche, bei denen sie gräulich anlaufen würde.
So ein „Tier" müsse doch kirre[2] zu machen sein,
meinten sie, und wenn es nicht anders ginge denn
mit Schlägen. Durchgewalkt[3] müsse sie werden, 95
aber dann gleich so, dass es zöge.

Sie durchzuwalken aber war Thiel trotz seiner seh-
nigen Arme nicht der Mann. Das, worüber sich die
Leute ereiferten, schien ihm wenig Kopfzerbrechen
zu machen. Die endlosen Predigten seiner Frau ließ 100
er gewöhnlich wortlos über sich ergehen, und wenn
er einmal antwortete, so stand das schleppende
Zeitmaß sowie der leise, kühle Ton seiner Rede in
seltsamstem Gegensatz zu dem kreischenden Gekeif
seiner Frau. Die Außenwelt schien ihm wenig anha- 105
ben zu können: Es war, als trüge er etwas in sich,
wodurch er alles Böse, was sie ihm antat, reichlich
mit Gutem aufgewogen erhielt. […]

Illustration:
Petra Ballhorn, Berlin

73

Fortsetzung auf Seite 74

Bahnwärter Thiel arbeitet an der Bahnlinie und
110 *erlebt dort regelmäßig die Durchfahrt von Zügen.*
Der folgende Textauszug schildert eine solche Zug-
durchfahrt.

Er hatte seine Arbeit beendet und lehnte jetzt wartend an der schwarz-weißen Sperrstange.
115 Die Strecke schnitt rechts und links gradlinig in den
unabsehbaren grünen Forst hinein; zu ihren beiden
Seiten stauten die Nadelmassen gleichsam zurück,
zwischen sich eine Gasse frei lassend, die der rötlich
braune kiesbestreute Bahndamm ausfüllte. Die
120 schwarzen parallel laufenden Geleise darauf glichen
in ihrer Gesamtheit einer ungeheuren eisernen
Netzmasche, deren schmale Strähne[4] sich im äußersten Süden und Norden in einem Punkte des Horizon-
tes zusammenzogen.
125 Der Wind hatte sich erhoben und trieb leise Wellen
den Waldrand hinunter und in die Ferne hinein. Aus
den Telegrafenstangen, die die Strecke begleiteten,
tönten summende Akkorde. Auf den Drähten, die
sich wie das Gewebe einer Riesenspinne von Stange
130 zu Stange fortrankten, klebten in dichten Reihen
Scharen zwitschernder Vögel. Ein Specht flog la-
chend über Thiels Kopf weg, ohne dass er eines
Blickes gewürdigt wurde.
Die Sonne, welche soeben unter dem Rande mächti-
135 ger Wolken herabhing, um in das schwarzgrüne
Wipfelmeer zu versinken, goss Ströme von Purpur
über den Forst. Die Säulenarkaden der Kiefern-
stämme jenseits des Dammes entzündeten sich
gleichsam von innen heraus und glühten wie Eisen.
140 Auch die Geleise begannen zu glühen, feurigen
Schlangen gleich, aber sie erloschen zuerst. Und nun
stieg die Glut langsam vom Erdboden in die Höhe,

erst die Schäfte der Kiefern, weiter den größten Teil
ihrer Kronen in kaltem Verwesungslichte zurücklas-
send, zuletzt nur noch den äußersten Rand der Wip- 145
fel mit einem rötlichen Schimmer streifend. Lautlos
und feierlich vollzog sich das erhabene Schauspiel.
Der Wärter stand noch immer regungslos an der
Barriere. Endlich trat er einen Schritt vor. Ein dunkler Punkt am Horizonte, da wo die Geleise sich tra- 150
fen, vergrößerte sich. Von Sekunde zu Sekunde
wachsend, schien er doch auf einer Stelle zu stehen.
Plötzlich bekam er Bewegung und näherte sich.
Durch die Geleise ging ein Vibrieren und Summen,
ein rhythmisches Geklirr, ein dumpfes Getöse, das, 155
lauter und lauter werdend, zuletzt den Hufschlägen
eines heranbrausenden Reitergeschwaders nicht
unähnlich war.
Ein Keuchen und Brausen schwoll stoßweise fernher
durch die Luft. Dann plötzlich zerriss die Stille. Ein 160
rasendes Tosen und Toben erfüllte den Raum, die
Geleise bogen sich, die Erde zitterte – ein starker
Luftdruck – eine Wolke von Staub, Dampf und
Qualm, und das schwarze schnaubende Ungetüm
war vorüber. So wie sie anwuchsen, starben nach 165
und nach die Geräusche. Der Dunst verzog sich.
Zum Punkte eingeschrumpft, schwand der Zug in
der Ferne und das alte heil'ge Schweigen schlug
über dem Waldwinkel zusammen.

Gerhart Hauptmann, Bahnwärter Thiel. Cornelsen Verlag GmbH,
Berlin 2017, S. 15–17 und 30 f.

1 Tender: Behälter für Kohle und Wasser bei Dampfloko-
motiven
2 kirre: zahm
3 durchwalken: durchprügeln
4 Strähne: hier: Stränge

Aufgaben

2. Beschreiben Sie das Leben des Protagonisten Thiel. Was erfahren Sie über seine berufliche und
private Geschichte und Situation?

3. Erläutern Sie, welche Orte und gesellschaftlichen Milieus die Novelle thematisiert.

**Gerhart Hauptmann: Bahnwärter Thiel –
Naturalistisches Schreiben**

Aufgaben

4. Vergleichen Sie die beiden Textauszüge aus der Novelle im Hinblick auf Erzählform
   (auktorial, personal, neutral) und Sprachgestaltung (z. B. Syntax, Bilder, Wortwahl).

5. Erläutern Sie, inwiefern die Textauszüge aus der Novelle im Sinne des naturalistischen
   Literaturverständnisses verfasst sind. Ziehen Sie dazu die Information heran.
   a) Überprüfen Sie dann, ob die erste Textstelle im geforderten neutralen,
      „wissenschaftlich" orientierten Schreibstil verfasst ist.
   b) Erörtern Sie, ob die zweite Textstelle dem „Sekundenstil" entspricht,
      inwiefern sie aber auch naturalistischem Erzählen widerspricht.

6. Schreiben Sie die zweite Textstelle so um, dass sie dem Prinzip des neutralen,
   „wissenschaftlich" orientierten Erzählens nahekommt.

Naturalismus

Der **Naturalismus** ist eine international wirkende Kunst- und Literaturepoche Ende des 19. Jahrhunderts. Literatur soll die gesellschaftlichen Verhältnisse exakt abbilden, um auf Missstände
hinzuweisen und zur Veränderung beizutragen. Die subjektive Perspektive des Künstlers soll den
Text möglichst wenig beeinflussen.
Um dieses Programm in Literatur umzusetzen, orientieren sich die Autoren oft an historischen
Ereignissen und recherchieren intensiv die Hintergründe ihrer Werke vor Ort. Dementsprechend
imitieren sie in ihren Werken auch Mundart bzw. Dialekt, um ein **möglichst hohes Maß an
Wirklichkeitstreue** zu erreichen. Programmgemäß wird die Aufnahme von Dialekt und
Umgangssprache ergänzt durch einen möglichst neutralen, „wissenschaftlich" orientierten
Schreibstil. Ein typisches Beispiel dafür ist der **„Sekundenstil"**, der die Erzählzeit und die erzählte
Zeit des Textes zur Deckung bringt. Das erzählte Geschehen soll sekundengenau wiedergegeben
werden, als ob es auf einem Tonband aufgenommen worden wäre.
Naturalistische Werke befassen sich meist mit **existenziellen Themen** wie Liebe, Tod und Armut.
Drängende Themen der damaligen Zeit, wie Verarmung, Industrialisierung und Verstädterung,
werden zu einem zentralen Gegenstand naturalistischen Schreibens.
Kritiker des Naturalismus beklagen sich über eine zu **krasse Darstellung von sozialem Elend**,
Sexualität, Krankheit, Alkoholismus und Verbrechen oder auch darüber, dass zwar die soziale Not
zum Thema gemacht wird, aber weder ihre Ursachen untersucht noch Änderungsperspektiven
aufgezeigt werden.

Arthur Schnitzler: Casanovas Heimfahrt (I) – Der Erzählstoff

Mögliche Referenzausgabe zu „Casanovas Heimfahrt": Arthur Schnitzler, Das erzählerische Werk. Fischer Taschenbuch Verlag, Frankfurt a. M. 1989, Bd. 8, S. 38–147.

Uwe Schultz: Casanova liebte die Frauen „bis zum Wahnsinn" (2012)

2011 verkaufte Brockhaus die Memoiren Casanovas für 7,5 Millionen Euro an Frankreich. Jetzt widmet die Pariser Nationalbibliothek dem Werk eine Ausstellung.

5 Sie liegt, so wie sie François Boucher mit weichem Pinsel gemalt hat, rosig nackt auf dem Bauch, die Beine einladend gespreizt, träumerisch wartend. Diese Pose hat Ludwig XV. bei den jungen Mädchen überaus geschätzt, und Casanova rühmt sich in

10 seiner zehnbändigen „Geschichte meines Lebens", ihre Unschuld als Geschenk für den französischen König geachtet zu haben.

Marie Louise O'Murphy, die Tochter eines aus England eingewanderten Schusters, ist dann über Jahre

15 zur bevorzugten Liebesgespielin im „Hirschpark" des Königs – einem Liebesversteck am Rande von Versailles – aufgestiegen, so hoch, dass die Höflinge 1753 den Sturz der offiziellen Mätresse, Madame de Pompadour, prophezeiten – zu Unrecht.

20 *Flirrend verführerische Lebensraffinesse*

In fleischlicher Fülle und Freizügigkeit ist sie noch einmal in der Bibliothèque nationale de France rekonstruiert – die Welt des Giacomo Casanova, die flirrend verführerische Lebensraffinesse des Roko-

25 ko. Ziemlich theatralisch klettert er auf der Flucht aus den tiefen Bleikammern des Dogenpalastes in Venedig über dessen Dächer in die Freiheit, Menuett-Musik begleitet sodann den vagabundierenden Abenteurer und Liebeskünstler auf den sich immer

30 wieder kreuzenden Reiserouten von Konstantinopel bis London, von Madrid bis Moskau – die prächtigsten Stadtansichten von Canaletto[1] und seinen Konkurrenten dokumentieren diese Stationen.

Das Manuskript hat 3.700 Seiten

35 Der Schnittpunkt aber war, wo er jetzt gefeiert wird, Paris, die Metropole Europas bis zum Vorabend der Revolution – die Stadt, wie er schreibt, in der „alle Möglichkeiten gegeben" waren, und man „sich immer neu erfinden" konnte. Er machte davon exzessiv

40 Gebrauch, als Glücks- und Falschspieler in den feinsten Salons, als Mitbegründer einer Lotterie, als Fabrikant von Seidenstoffen und nicht zuletzt – ähnlich wie die Hochstapler Cagliostro[2] und Saint-Germain[3] – als Betrüger, der etwa mit Pülverchen

45 und Hypnose der steinreichen Herzogin d'Urfé ein zweites Leben versprach und sie um ein Vermögen prellte. Dergleichen brachte die Hochblüte des Mesmerismus[4], des Magnetismus und der Geisterbeschwörung so mit sich, ganz abgesehen von den Arcana[5] der Freimaurer, zu deren Mitgliedern Casa-

50 nova natürlich auch zählte.

Die detaillierte Chronik dieser Epoche spiegelt sich in der „Geschichte meines Lebens", die nun erstmals in langen Auszügen des Originals gezeigt wird, ist doch erst im vergangenen Jahr der französische

55 Staat ihr stolzer Eigentümer geworden – angeblich nur durch die Großzügigkeit eines anonymen Mäzens. Denn das Manuskript von 3.700 Seiten mit seiner kühn vorwärtsdrängenden Handschrift hat eine lange Geschichte, die erst jetzt, so ist zu vermu-

60 ten, ihren glücklichen Abschluss gefunden hat.

Lange blieb das Werk von der Veröffentlichung ausgeschlossen, die sexuellen Freiheiten machten es zur Konterbande[6], die in Fragmenten und Raubdrucken nur unterm Ladentisch vertrieben werden

65 konnte, wie es die Zensoren noch bis ins 20. Jahrhundert erzwangen.

Stiller Eigentümer dieses viele Zeitumbrüche überdauernden Werks war der Verleger Friedrich Arnold Brockhaus in Leipzig, der es 1821 von einem Neffen

70 Casanovas erwarb. In besondere Gefahr geriet es im Zweiten Weltkrieg, als es ähnlich abenteuerlich wie die Flüchtlinge den Weg nach Westen fand – schließlich gelangte es an den neuen Firmensitz des Verlags in Wiesbaden. In diskreten Verhandlungen wechselte

75 es im Februar 2011 für nicht weniger als 7,5 Millionen Euro über den Rhein – es ist der höchste Preis, der je für ein Manuskript gezahlt wurde.

Französisch, eine Frage der Opportunität

Dass die literarische Rarität nun in Paris ist, hat seine

80 Richtigkeit, denn „Die Geschichte meines Lebens" ist in französischer Sprache geschrieben. Casanova, gebürtiger Venezianer, hat diese Sprache aus reiner Opportunität gewählt, auch musste er noch in Paris bei dem Dichter Crébillon père[7] Sprachunterricht

85 nehmen und hat seinen italienischen Akzent nie völlig verloren: „Ich habe französisch geschrieben und nicht italienisch, weil die französische Sprache verbreiteter war als meine eigene."

Aber da ist natürlich auch der große Frauenverehrer

90 und Liebhaber, der in sprichwörtlichem Sinn zum Verführer geworden ist – gleichsam der Gegenpol

Fortsetzung auf Seite 77

zu der fiktiven Figur des Don Juan, der die Frauen nur beherrschen und zerstören wollte. Denn Casano-
95 va ist von den Frauen, die er verführt hat, stets selbst verführt worden – er hat sie stets wahrhaft geliebt, aber nur für die kurze Zeitspanne der wahren Liebe.

Freiheit vor Frauen

Wie aus mehreren Gefängnissen, darunter nicht
100 zuletzt der Bastille in Paris, in die ihn einer der berühmten lettres de cachet (geheime Verhaftungsbefehle) gebracht hat, hat er sich auch aus den zärtlichsten Umarmungen befreien können, stets unter Schmerzen, um einer anderen Leidenschaft zu
105 verfallen: „Ich habe die Frauen bis zum Wahnsinn geliebt, aber ich habe ihnen stets meine Freiheit vorgezogen." Gut begründet trägt die Pariser Ausstellung deshalb den Titel „Die Leidenschaft der Freiheit" („La passion de la liberté").
110 Aber natürlich stößt auch diese so ambitiöse Exposition an jene immanente Grenze, wo alle Fülle der dekorativen Accessoires nicht die geheime Faszination eines Textes erschließen kann, was der unbegrenzten Fantasiefreiheit des Lesers vorbehalten
115 bleibt – aber sie ist auf dem Weg der Annäherung weit vorangekommen, gleichsam bis zum sich aufdrängenden Griff nach dem Buch.

Er parlierte mit Katharina II. und Voltaire

Die Freiheit, die Casanova als höchsten Wert für
120 sich reklamierte, dabei immer auf der Suche nach einem großen Vermögen, einem Renommee von europäischem Rang und nicht zuletzt einem Adelstitel, weshalb er sich später eigenmächtig Chevalier de Seingalt zu betiteln erlaubte, war die Motorik
125 seiner turbulenten Existenz.

Um selbst berühmt zu werden, hat er die Nähe der Berühmtheiten seiner Zeit gesucht – er parlierte mit Voltaire über Literatur und mit der Zarin Katharina II. über die Vorzüge der Kalendervarianten[8]. Er war literarisch und wissenschaftlich auf der Höhe 130 seiner Zeit, wie es die Höhe der Konversation in jener Epoche auch verlangte.

Absturz in tödliche Melancholie

[Für die] letzte Etappe seines Lebens von 1785 bis 1798, als ihm das Alter von 60 Jahren die Kraft der 135 Verführung und den rasenden Lauf seiner Reisen versagte, bot ihm der Graf von Waldstein im böhmischen Dux die Stelle eines Bibliothekars in seinem Schloss – ein trauriges Exil. Vor dem Absturz in die tödliche Melancholie, zu der die trostlosen Winter- 140 monate in der tiefen Provinz ebenso beitrugen wie Gehässigkeiten der Dienerschaft, die ihm die heiß begehrten Makkaroni verwehrte und seine Notizen in den Müll warf, hat ihn das Schreiben bewahrt.

In den zahllosen Klagebriefen an alte Vertraute in 145 aller Welt finden sich Sätze wie diese: „Ich schreibe dreizehn Stunden am Tag, die mir wie dreizehn Minuten erscheinen." So hat „Die Geschichte meines Lebens" ihm auch das Leben gerettet und ist seine letzte Leidenschaft gewesen: „Ich schreibe von 150 morgens bis abends und kann Ihnen versichern, dass ich selbst beim Schlafen schreibe, und ich träume immer vom Schreiben."

*Uwe Schultz, Casanova liebte die Frauen „bis zum Wahnsinn". In:
Die Welt, 14.1.2012, https://www.welt.de/kultur/history/article1
3813191/Casanova-liebte-die-Frauen-bis-zum-Wahnsinn.html
(zuletzt aufgerufen am 6.11.2017).*

1 Canaletto: Bernardo Bellotto (1722–1780), gen. Canaletto: venezianischer Maler, bekannt für seine Ansichten europäischer Städte
2 Cagliostro: Alessandro Graf von Cagliostro (1743–1795), Abenteurer und Okkultist
3 Saint-Germain: Graf von Saint-Germain (1710–1784), Abenteurer und Hochstapler
4 Mesmerismus: Heilmethode, die von einer dem Elektromagnetismus analogen Kraft beim Menschen ausgeht
5 Arcana: geheime Rituale
6 Konterbande: Schmuggelware
7 Crébillon père: Prosper Jolyot de Crébillon (1674–1762)
8 Vorzüge der Kalendervarianten: In Russland galt bis 1918 der julianische Kalender.

Fortsetzung auf Seite 78

Arthur Schnitzler: Casanovas Heimfahrt (I) –
Der Erzählstoff

Aufgaben

1. Tragen Sie in der Tabelle die Informationen ein, die der Artikel über den historischen Casanova, die Zeit, in der er lebte, und seine Memoiren liefert.

Giacomo Casanova	
Seine Zeit	
„Die Geschichte meines Lebens"	

2. Vergleichen Sie den historischen Casanova mit der literarischen Figur in Schnitzlers 1917 erschienener Novelle „Casanovas Heimfahrt".

3. Ist Schnitzlers Casanova eher eine Don-Juan- oder eine Casanova-Figur?
   Nehmen Sie begründet Stellung, indem Sie den oben stehenden Artikel miteinbeziehen.

Arthur Schnitzler: Casanovas Heimfahrt (II) – Eine Interpretation in Bildern

Aus: Arthur Schnitzler, Casanovas Heimfahrt. Mit Illustrationen von Cynthia Kittler. Copyright © 2015 Büchergilde Gutenberg, Frankfurt am Main, Wien und Zürich

Arthur Schnitzler: Casanovas Heimfahrt (II) – Eine Interpretation in Bildern

Aufgabe

1. Bringen Sie die Illustrationen in die richtige Reihenfolge und ordnen Sie ihnen begründet Textstellen aus Schnitzlers Novelle „Casanovas Heimfahrt" zu.

Cynthia Kittler: Ein bisschen zu viel von allem (2015; Auszug)

Rahmen als gestalterische Mittel der damaligen Buchgestaltung erschienen mir als ein Muss. Allerdings sollten sich diese in ihrer Form und Gestaltung von der Ornamentik des Rokokos abheben. Schnitz-
5 ler war Meister der inneren Monologe und bekannt dafür, das Unterbewusstsein seiner Figuren zu entlarven. Somit dienen die Rahmen als gestalterisches Mittel dafür, dass Casanova sich in einem inneren Monolog befindet, in sich gekehrt ist oder träumt.
10 Als Mediziner und Anhänger der Psychoanalyse hatte Schnitzler einen genauen Blick auf die Menschen. Natürlich ist die Novelle eine erfundene Geschichte, aber sie ist dennoch ein Spiegel der damaligen Gesellschaft, gleichsam grässlich und komisch.
15 Mit einem scharfen Auge ironisierte Schnitzler Casanova und seine Zeitgenossen und schien zugleich dessen depressive, narzisstische, ja beinahe schizophrene Momente verstehen zu können. So habe auch ich versucht, den Männlichkeitswahn, die Angst vor
20 dem Altern und den Sexismus zu karikieren. Themen, die auch heute noch – oder wieder – aktuell sind.
Durch seine kompromisslose Darstellung war Schnitzler seinerzeit heftigen Angriffen ausgesetzt,
25 wie zum Beispiel dem Vorwurf der Pornografie und der Verspottung des militärischen Rituals des Duellierens, wie zum Beispiel in der Novelle *Leutnant Gustl*. Auch in *Casanovas Heimfahrt* geht es zur Sache. Casanovas Fantasien und Taten kennen in
30 seinem Wahn keine Grenzen mehr. Das Duell zwischen seinem jungen Alter Ego Lorenzi und ihm findet praktisch nackt statt. Und so versuchte auch ich den Degengruß in die absolute Absurdität und Lächerlichkeit zu führen. Als Lorenzi stirbt, ist klar, dass Casanova der Mörder seines eigenen jugendli- 35 chen Ichs ist und sein Narzissmus darin seinen krönenden Abschluss findet. Ab hier scheint wirklich nichts mehr übrig zu sein von seinem jungen, charmanten, revolutionären Ich. Und Arthur Schnitzler macht aus ihm einen opportunistischen, verzweifel- 40 ten Heimkehrer, was dem Tod der Legende vom potenten Casanova gleichkommt.
Marcolina, die eigentliche Heldin und Verratene, symbolisiert für mich den Klassizismus. Sie ist die neue Generation. Auch in modischer Hinsicht habe 45 ich versucht, sie als Vorreiterin darzustellen. Ihre Kleider sind meist weniger pompös und lehnen sich eher an die Gewandung antiker Griechinnen an. Casanova begehrt sie, findet aber keinen echten Zugang mehr zu ihr, was sich wohl auch in seinem 50 Groll gegenüber Voltaire ausdrückt. Sie ist Casanova intellektuell überlegen und entreißt ihm endgültig die Illusion, dass seine Jugend ewig währen könnte. All das macht ihn wahnsinnig und er verliert sich zwischen Frauenhass und totaler Abhängigkeit, 55 Paranoia und Narzissmus.

Cynthia Kittler, Ein bisschen zu viel von allem. In: Arthur Schnitzler, Casanovas Heimfahrt. Mit Illustrationen von Cynthia Kittler. Copyright © 2015 Büchergilde Gutenberg, Frankfurt am Main, Wien und Zürich, S. 207 f.

Aufgaben

2. Fassen Sie Cynthia Kittlers Interpretation von Schnitzlers Novelle in eigenen Worten zusammen.

3. Erläutern Sie, wie sich diese Interpretation in ihren Illustrationen niedergeschlagen hat.

4. Nehmen Sie begründet Stellung zu der These, Marcolina sei die eigentliche Heldin der Novelle.

Franz Kafka: Die Verwandlung – Perspektiven untersuchen

Franz Kafka (1883–1924) gilt als einer der bedeutendsten Erzähler des 20. Jahrhunderts. Seine Erzählungen und Romane kreisen immer wieder um die Probleme des modernen Lebens, sind aber auch geprägt von einer bestimmten, ungewöhnlichen Erzählweise. Die Erzählform in Kafkas Texten wird oft als „einsinnig" beschrieben, womit gemeint ist, dass seine Texte radikal personal, also aus der Sicht einer handelnden Figur, erzählt seien. Wie sieht aber solch „einsinniges" Erzählen aus? Und vor allem: Welche Konsequenzen hat diese Erzählweise für den Rezeptionsprozess? Diesen Fragen widmen sich die folgenden Seiten.

Aufgaben

1. a) Was erwarten Sie von einer Erzählung mit dem Titel „Die Verwandlung"?
     Welche Handlungselemente, Figuren und Orte könnten eine Rolle spielen?
   b) Lesen Sie nun den Anfang der Erzählung „Die Verwandlung".

Franz Kafka: Die Verwandlung (1912)

Als Gregor Samsa eines Morgens aus unruhigen Träumen erwachte, fand er sich in seinem Bett zu einem ungeheuren Ungeziefer verwandelt. Er lag auf seinem panzerartig harten Rücken und sah, wenn er
5 den Kopf ein wenig hob, seinen gewölbten, braunen, von bogenförmigen Versteifungen geteilten Bauch, auf dessen Höhe sich die Bettdecke, zum gänzlichen Niedergleiten bereit, kaum noch erhalten konnte. Seine vielen, im Vergleich zu seinem sonstigen
10 Umfang kläglich dünnen Beine flimmerten ihm hilflos vor den Augen.

„Was ist mit mir geschehen?", dachte er. Es war kein Traum. Sein Zimmer, ein richtiges, nur etwas zu kleines Menschenzimmer, lag ruhig zwischen den
15 vier wohl bekannten Wänden. Über dem Tisch, auf dem eine auseinandergepackte Musterkollektion von Tuchwaren ausgebreitet war – Samsa war Reisender[1] –, hing das Bild, das er vor Kurzem aus einer illustrierten Zeitschrift ausgeschnitten und in einem
20 hübschen, vergoldeten Rahmen untergebracht hatte. Es stellte eine Dame dar, die, mit einem Pelzhut und einer Pelzboa[2] versehen, aufrecht dasaß und einen schweren Pelzmuff, in dem ihr ganzer Unterarm verschwunden war, dem Beschauer entgegenhob.
25 Gregors Blick richtete sich dann zum Fenster und das trübe Wetter – man hörte Regentropfen auf das Fensterblech aufschlagen – machte ihn ganz melancholisch. „Wie wäre es, wenn ich noch ein wenig weiterschliefe und alle Narrheiten vergäße", dachte
30 er, aber das war gänzlich undurchführbar, denn er war gewöhnt, auf der rechten Seite zu schlafen, konnte sich aber in seinem gegenwärtigen Zustand nicht in diese Lage bringen. Mit welcher Kraft er sich auch auf die rechte Seite warf, immer wieder

schaukelte er in die Rückenlage zurück. Er versuch- 35
te es wohl hundertmal, schloss die Augen, um die zappelnden Beine nicht sehen zu müssen, und ließ erst ab, als er in der Seite einen noch nie gefühlten, leichten, dumpfen Schmerz zu fühlen begann. „Ach Gott", dachte er, „was für einen anstrengenden Be- 40
ruf habe ich gewählt! Tagaus, tagein auf der Reise. Die geschäftlichen Aufregungen sind viel größer als im eigentlichen Geschäft zu Hause und außerdem ist mir noch diese Plage des Reisens auferlegt, die Sorgen um die Zuganschlüsse, das unregelmäßige, 45
schlechte Essen, ein immer wechselnder, nie andauernder, nie herzlich werdender menschlicher Verkehr. Der Teufel soll das alles holen!" Er fühlte ein leichtes Jucken oben auf dem Bauch; schob sich auf dem Rücken langsam näher zum Bettpfosten, um 50
den Kopf besser heben zu können; fand die juckende Stelle, die mit lauter kleinen weißen Pünktchen besetzt war, die er nicht zu beurteilen verstand; und wollte mit einem Bein die Stelle betasten, zog es aber gleich zurück, denn bei der Berührung umweh- 55
ten ihn Kälteschauer.

Illustration:
Petra Ballhorn, Berlin

Fortsetzung auf Seite 82

Er glitt wieder in seine frühere Lage zurück. „Dies frühzeitige Aufstehen", dachte er, „macht einen ganz blödsinnig. Der Mensch muss seinen Schlaf
60 haben. Andere Reisende leben wie Haremsfrauen. Wenn ich zum Beispiel im Laufe des Vormittags ins Gasthaus zurückgehe, um die erlangten Aufträge zu überschreiben, sitzen diese Herren erst beim Frühstück. Das sollte ich bei meinem Chef versuchen;
65 ich würde auf der Stelle hinausfliegen. Wer weiß übrigens, ob das nicht sehr gut für mich wäre. Wenn ich mich nicht wegen meiner Eltern zurückhielte, ich hätte längst gekündigt, ich wäre vor den Chef hingetreten und hätte ihm meine Meinung von
70 Grund des Herzens aus gesagt. Vom Pult hätte er fallen müssen! Es ist auch eine sonderbare Art, sich

auf das Pult zu setzen und von der Höhe herab mit dem Angestellten zu reden, der überdies wegen der Schwerhörigkeit des Chefs ganz nahe herantreten muss. Nun, die Hoffnung ist noch nicht gänzlich 75 aufgegeben; habe ich einmal das Geld beisammen, um die Schuld der Eltern an ihn abzuzahlen – es dürfte noch fünf bis sechs Jahre dauern –, mache ich die Sache unbedingt. Dann wird der große Schnitt gemacht. Vorläufig allerdings muss ich aufstehen, 80 denn mein Zug fährt um fünf."

Franz Kafka, Die Verwandlung. Cornelsen Schulverlage GmbH, Berlin 2015, S. 19–21.

---

1 Reisender: hier: Handlungsreisender, Vertreter
2 Pelzboa: Pelzschal

Aufgaben

2. Gleichen Sie Ihre Erwartungen an die Erzählung mit dem Text ab. Was hat sich bestätigt, was hat Sie überrascht?

3. Beschreiben Sie das Leben des Protagonisten Gregor Samsa. Berücksichtigen Sie dabei seine berufliche und familiäre Situation.

4. Die Erzählform vieler Texte von Kafka wird oft als „einsinnig", d. h. als radikal personal bezeichnet.
   a) Untersuchen Sie, inwiefern das auf den Beginn von „Die Verwandlung" zutrifft.
   b) Diskutieren Sie, welche Folgen diese Erzählform für die Lesenden hat. Was fordert diese Perspektive von den Lesenden?

Karlheinz Fingerhut: Die Verwandlung (1994; Auszug)

Ein solcher Satz entzündet Streit über seine Reichweite. Ist die „Verwandlung" als wirklich zu denken, oder ist sie nur vorgestellt? Für beide Positionen lassen sich Argumente anführen. Ein wichtiges
5 Kriterium ist die Wahrscheinlichkeit. Sie spricht dafür, dass hier jemand einen schweren Traum hatte, aufwacht und in seiner Halbschlaf-Verwirrung sich selbst als einen Verwandelten erlebt. Nur in diesem einschränkenden Verständnis ist die Aussage des
10 Satzes mit unserer Wirklichkeitserfahrung vereinbar. Vor allem psychologische Deutungen gehen gerne von der Hypothese aus, dass die Verwandlung eine bloße Bewusstseinstatsache des Helden sei. Deswegen habe Kafka es auch abgelehnt, das Insekt zeich
15 nen zu lassen, während er dessen physische Besonderheiten ausführlich beschreibe. Eine verbale Beschreibung nämlich setze Fantasietätigkeit frei, die visuelle Umsetzung lege hingegen die Imagination fest. Und da Kafka konsequent aus der Perspektive
20 des Helden erzähle, bleibe dem Leser gar nichts

anderes übrig, als diese Bewusstseinstatsache – wie der Held selbst – für „wirklich" zu nehmen, wenngleich sie es natürlich in Wirklichkeit nicht sei. Auf der anderen Seite argumentieren Literaturwissenschaftler mit literarischen Traditionen, in denen 25 Verwandlungen schon immer zum geläufigen Motivarsenal gehören: Märchen, Mythen, Fantasiegeschichten, lehrhafte Parabeln. Auch von Kafka werde eine Metamorphose erzählt und in ihren Konsequenzen studiert. Lediglich die befremdliche Im 30 plantation in eine kleinbürgerliche Familienszenerie sei schockierend. Nichts aber autorisiere den Leser, Kafkas deutliche Aussagen in Zweifel zu ziehen. Gregor Samsa sei körperlich ein Insekt, während er geistig und emotional durchaus weiterhin ein 35 Mensch bleibe.

Karlheinz Fingerhut, Die Verwandlung. In: Interpretationen. Franz Kafka, Romane und Erzählungen, hg. von Michael Müller. Reclam, Stuttgart [1994], 2. Aufl. 2003, Reprint 2015, S. 43 f.

Aufgaben

5. Der erste Satz der Erzählung gilt als einer der berühmtesten ersten Sätze der Weltliteratur. Aufgrund dieses Satzes wird in der Literaturwissenschaft diskutiert, ob Gregor Samsas Verwandlung in einen Käfer in der Erzählung ein „reales" oder ein „psychisches" Ereignis ist.

a) Untersuchen Sie die Argumente der verschiedenen literaturwissenschaftlichen Deutungen anhand des Textauszugs von Karlheinz Fingerhut.

b) Nehmen Sie begründet Stellung zu der Frage, ob Gregors Verwandlung als „reales" oder „psychisches" Ereignis zu verstehen ist. Legen Sie den Beginn der Erzählung zugrunde und benennen Sie Textsignale für Ihre Position.

Franz Kafka: Die Verwandlung (1912)

Gregor Samsa versucht sein Zimmer zu verlassen, um sich seiner Familie und seinem Arbeitgeber zu erklären. Doch wird er von seinem Vater brutal zurückgetrieben. Gregor zieht sich nun unter das
5 *Kanapee (Sofa) in seinem Zimmer zurück. Seine Schwester versorgt ihn.*

Schon am frühen Morgen, es war fast noch Nacht, hatte Gregor Gelegenheit, die Kraft seiner eben gefassten Entschlüsse zu prüfen, denn vom Vor-
10 zimmer her öffnete die Schwester fast völlig angezogen die Tür und sah mit Spannung herein. Sie fand ihn nicht gleich, aber als sie ihn unter dem Kanapee bemerkte – Gott, er musste doch irgendwo sein, er hatte doch nicht wegfliegen können –, er-
15 schrak sie so sehr, dass sie, ohne sich beherrschen zu können, die Tür von außen wieder zuschlug. Aber als bereue sie ihr Benehmen, öffnete sie die Tür sofort wieder und trat, als sei sie bei einem Schwerkranken oder gar bei einem Fremden, auf den Fuß-
20 spitzen herein. Gregor hatte den Kopf bis knapp zum Rande des Kanapees vorgeschoben und beobachtete sie. Ob sie wohl bemerken würde, dass er die Milch stehen gelassen hatte, und zwar keineswegs aus Mangel an Hunger, und ob sie eine andere Speise
25 hereinbringen würde, die ihm besser entsprach? Täte sie es nicht von selbst, er wollte lieber verhungern, als sie darauf aufmerksam machen, trotzdem es ihn eigentlich ungeheuer drängte, unterm Kanapee vorzuschießen, sich der Schwester zu Füßen zu werfen
30 und sie um irgendetwas Gutes zum Essen zu bitten. Aber die Schwester bemerkte sofort mit Verwunderung den noch vollen Napf, aus dem nur ein wenig Milch ringsherum verschüttet war, sie hob ihn gleich auf, zwar nicht mit den bloßen Händen, sondern mit
35 einem Fetzen, und trug ihn hinaus. Gregor war äußerst neugierig, was sie zum Ersatze bringen würde, und er machte sich die verschiedensten Gedanken darüber. Niemals aber hätte er erraten können, was die Schwester in ihrer Güte wirklich tat. Sie brachte ihm, um seinen Geschmack zu prüfen, eine ganze
40 Auswahl, alles auf einer alten Zeitung ausgebreitet. Da war altes, halb verfaultes Gemüse; Knochen vom Nachtmahl her, die von fest gewordener weißer Soße umgeben waren; ein paar Rosinen und Mandeln; ein Käse, den Gregor vor zwei Tagen für un-
45 genießbar erklärt hatte; ein trockenes Brot, ein mit Butter beschmiertes Brot und ein mit Butter beschmiertes und gesalzenes Brot. Außerdem stellte sie zu dem allen noch den wahrscheinlich ein für alle Mal für Gregor bestimmten Napf, in den sie
50 Wasser gegossen hatte. Und aus Zartgefühl, da sie wusste, dass Gregor vor ihr nicht essen würde, entfernte sie sich eiligst und drehte sogar den Schlüssel um, damit nur Gregor merken könne, dass er es sich so behaglich machen dürfe, wie er wolle. Gregors
55 Beinchen schwirrten, als es jetzt zum Essen ging. Seine Wunden mussten übrigens auch schon vollständig geheilt sein, er fühlte keine Behinderung mehr, er staunte darüber und dachte daran, wie er vor mehr als einem Monat sich mit dem Messer
60 ganz wenig in den Finger geschnitten und wie ihm diese Wunde noch vorgestern genug wehgetan hatte. „Sollte ich jetzt weniger Feingefühl haben?", dachte er und saugte schon gierig an dem Käse, zu dem es ihn vor allen anderen Speisen sofort und nachdrück-
65 lich gezogen hatte. Rasch hintereinander und mit vor Befriedigung tränenden Augen verzehrte er den Käse, das Gemüse und die Soße; die frischen Speisen dagegen schmeckten ihm nicht, er konnte nicht einmal ihren Geruch vertragen und schleppte sogar
70 die Sachen, die er essen wollte, ein Stückchen weiter weg. Er war schon längst mit allem fertig und lag nur noch faul auf der gleichen Stelle, als die Schwester zum Zeichen, dass er sich zurückziehen solle, langsam den Schlüssel umdrehte. Das schreck-
75 te ihn sofort auf, trotzdem er schon fast schlummerte, und er eilte wieder unter das Kanapee. Aber es kostete ihn große Selbstüberwindung, auch nur die

Fortsetzung auf Seite 84

80 kurze Zeit, während welcher die Schwester im Zimmer war, unter dem Kanapee zu bleiben, denn von dem reichlichen Essen hatte sich sein Leib ein wenig gerundet und er konnte dort in der Enge kaum atmen. Unter kleinen Erstickungsanfällen sah er mit etwas hervorgequollenen Augen zu, wie die nichts-
85 ahnende Schwester mit einem Besen nicht nur die Überbleibsel zusammenkehrte, sondern selbst die von Gregor gar nicht berührten Speisen, als seien

also auch diese nicht mehr zu gebrauchen, und wie sie alles hastig in einen Kübel schüttete, den sie mit einem Holzdeckel schloss, worauf sie alles hinaus-
90 trug. Kaum hatte sie sich umgedreht, zog sich schon Gregor unter dem Kanapee hervor und streckte und blähte sich.

Franz Kafka, Die Verwandlung. Cornelsen Schulverlage GmbH, Berlin 2015, S. 41–43.

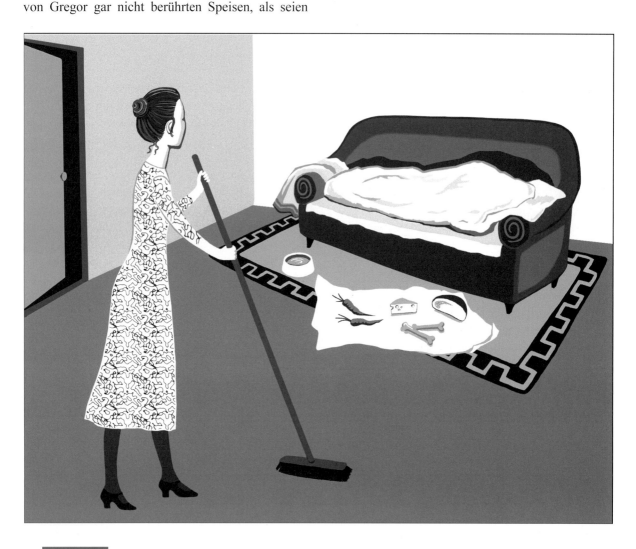

Aufgaben

6. Schreiben Sie den Text so um, dass er aus der Perspektive von Gregor Samsas Schwester erzählt ist.
   a) Unterstreichen Sie im Textauszug Hinweise auf Gedanken und Gefühle der Schwester.
   b) Schreiben Sie nun die Szene aus der Perspektive von Gregors Schwester. Wie nimmt sie ihren Bruder wahr? Was denkt sie über ihre Tätigkeit? Wie stellt sie sich die Zukunft mit Gregor vor?

7. Stellen Sie sich gegenseitig Ihre Texte vor.
   a) Überprüfen Sie, ob Ihre selbst verfassten Texte dem Original entsprechen.
   b) Wie verändert sich die Wahrnehmung von Gregors Schicksal durch die Leser/innen, wenn die Perspektive der Schwester miteinbezogen wird? Diskutieren Sie.

Illustration:
Petra Ballhorn, Berlin

Günter Grass: Katz und Maus –
Eine jugendgefährdende Novelle?

Günter Grass (1927–2015) löste mit seiner Novelle „Katz und Maus" (1961) heftige Diskussionen in der Öffentlichkeit beider deutscher Staaten aus. 1962 beantragte das hessische Ministerium für Arbeit, Volkswohlfahrt und Gesundheitswesen, die Novelle auf die Liste jugendgefährdender Schriften zu setzen.

DER HESSISCHE MINISTER FÜR ARBEIT,
VOLKSWOHLFAHRT
UND GESUNDHEITSWESEN

Wiesbaden, den 28.9.1962
5 Adolfsallee 53 und 59
Tel.: 58 11

Az.: V b / 52 n – 12 – 27

An die
Bundesprüfstelle für
10 jugendgefährdende Schriften
532 Bad Godesberg
Postfach 190

Betr.: Antrag auf Aufnahme in die Liste der jugendgefährdenden Schriften.

15 Hiermit wird beantragt, die Schrift „Katz und Maus" – Eine Novelle von Günter Grass, Hermann Luchterhand Verlag, gemäß § 1 Abs. 1 GjS in die Liste der jugendgefährdenden Schriften aufzunehmen.
20 Ein Exemplar des Buches und 25 Abdrucke des Antrages sind beigefügt.

Begründung:
Die Schrift enthält zahlreiche Schilderungen von Obszönitäten, die geeignet sind, Kinder und Jugend-
25 liche sittlich zu gefährden. Auf die Seiten 28, 38, 39, 40, 41, 42, 43, 53, 54, 98, 102, 104, 112, 130, 139, 140 wird verwiesen. Die beanstandeten Passagen, die derartige bis ins einzelne gehende Szenen mit betonter Ausführlichkeit bringen, sind ohne jeden
30 erkennbaren Sinn in die Erzählung eingestreut worden. Die Art und Weise dieser Darstellungen lässt den Schluss zu, dass sie nur des obszönen Reizes willen aufgenommen wurden. Sie sind geeignet, die Fantasie jugendlicher Leser negativ zu belasten, sie zu sexuellen Handlungen zu animieren und damit 35 die Erziehung zu beeinträchtigen.

Sie sind deshalb auch in keiner Weise mit der im Klappentext gedeuteten Absicht des Autors in Einklang zu bringen. Der Inhalt der Erzählung hat das Leben und Treiben von Schülern einer Sekunda- 40 Klasse während des 2. Weltkrieges in Danzig zum Gegenstand. Im Mittelpunkt steht der Held, oder richtiger gesagt, der von seinen Kameraden zum Idol erhobene „Große Mahlke", dessen besonders ausgeprägter Halsknorpel (Adamsapfel) als „Attri- 45 but frühreifer Männlichkeit … zur Ursache aller Taten des Jungen, zur Triebfeder für die ‚Karriere' … bis zum Erwerb einer hohen Kriegsauszeichnung" wird. Die sich in diesem Rahmen abspielenden Schilderungen von einzelnen mehr oder weniger 50 banalen Begebenheiten, die im Übrigen ausschließlich negative Erscheinungen aufweisen, verdienen weder vom Stil noch vom Stoff her ein besonderes literarisches Interesse. Wenn auch vielleicht dem Autor eine gewisse Fähigkeit und eine eigene Art 55 des Schreibens nicht abzusprechen ist, kann sein Buch aber unter keinem Gesichtspunkt als der Kunst dienend im Sinne des § 1 Abs. 2 Nr. 2 GjS bewertet werden.

Der Band ist Jugendlichen gleichermaßen zugängig 60 wie jedes andere Buch. Darüber hinaus ist, da es sich um eine „Schülergeschichte" handelt, zu befürchten, dass es gerade unter Jugendlichen zu einer verstärkten Verbreitung führt.

Im Auftrag: 65
gez. Dr. Englert

Der hessische Minister für Arbeit, Volkswohlfahrt und Gesundheitswesen, Antrag auf Aufnahme in die Liste der jugendgefährdenden Schriften, 28.9.1962, zit. nach: Alexander Ritter, Günter Grass: Katz und Maus. Erläuterungen und Dokumente. Bibliogr. ergänzte Ausgabe. Reclam, Stuttgart 2001, S. 128 f.

Aufgabe

1. Fassen Sie die Begründung für den Antrag in eigenen Worten zusammen.

Fortsetzung auf Seite 86

Günter Grass: Katz und Maus –
Eine jugendgefährdende Novelle?

Der Luchterhand Verlag, in dem die Novelle erschienen war, ersuchte die Bundesprüfstelle für jugendgefährdende Schriften, den Antrag abzuweisen, und legte seinem Schreiben mehrere Gutachten bei, darunter eines des Schriftstellers Hans Magnus Enzensberger (geb. 1929).

DR. HANS MAGNUS ENZENSBERGER

Tjoeme, Norwegen, z. Zt. Rom,
den 17. November 1962

Gutachten

5 über die Novelle „Katz und Maus" von Günter Grass im Hinblick auf den Antrag des hessischen Ministers für Arbeit vom 28.9.62, dieses Werk auf die Liste der jugendgefährdenden Schriften zu setzen.

10 1.

Die von dem Ministerialbeamten Dr. Englert bezeichnete Begründung des Antrags besteht aus einer Reihe von Behauptungen, für die keinerlei Beweise angetreten werden; der Verfasser ist nicht einmal
15 bemüht, seine Hypothesen zu belegen. Erweislich falsch sind insbesondere die folgenden Behauptungen des Verfassers:
a) Die beanstandeten Passagen seien „ohne jeden erkennbaren Sinn in die Erzählung eingestreut".
20 (_____) Allein die Vokabel „eingestreut" beweist die Unzuständigkeit des Gutachters. Jedem denkenden Menschen dürfte bekannt sein, dass literarische Werke nicht durch Streuung, das heißt durch die zufällige Kombination von „Passagen"
25 entstehen. Sie werden geschrieben: Das heißt, sie werden komponiert. Nicht nur die Literaturkritik, sondern die literarische Öffentlichkeit des In- und Auslandes ist sich darüber einig, dass die Novelle, die zur Rede steht, außergewöhnlich streng und
30 dicht komponiert ist. Dass Herr Dr. Englert in ihrem Bau keinen Sinn zu erkennen vermag, ist bedauerlich. Er steht mit diesem Unvermögen allein da. Unter den Begriff des normalen, unbefangenen Lesers, wie ihn die Rechtsprechung versteht, fällt ein
35 Leser nicht, der den sinnvollen Bau einer Novelle nicht erkennen kann. Dr. Englert ist ein unterdurchschnittlich begabter oder aber ein befangener Leser. Er dürfte daher als Gutachter nicht in Betracht kommen.
40 b) Die Überschreitung seiner geistigen und juristischen Kompetenz wird besonders deutlich in der Behauptung, die „Schilderungen" von Günter Grass „verdienen weder vom Stil noch vom Stoff her ein besonderes literarisches Interesse". (_____)
45 Besonderes Interesse verdienen sicherlich nicht die literarischen Urteile des Herrn Dr. Englert, die mit verblüffender Leichtfertigkeit aufgestellt und durch keinen einzigen Beleg gedeckt sind. Herr Dr. Englert, der, wie sein Antrag zeigt, nicht einmal der
50 Regeln mächtig ist, die für die deutsche Interpunktion gelten, ist nicht befugt, sich in amtlicher Eigenschaft zu Stilfragen zu äußern. Was „besonderes literarisches Interesse" verdient und was nicht, kann nicht von der Ministerialbürokratie entschieden
55 werden, sondern einzig und allein von einer literarischen Kritik, die sich die Begründung ihrer Urteile nicht zu ersparen pflegt. Diese Kritik ist sich, im Inland wie im Ausland, längst darüber einig, dass Grass ein Schriftsteller ersten Ranges ist. Hunderte
60 von Rezensionen, die auch Herrn Dr. Englert zugänglich gewesen wären, hätte er es nicht vorgezogen, selbst als Kunstrichter aufzutreten, geben darüber jede gewünschte Auskunft und erbringen dafür jeden gewünschten Beweis.

2.
65 Neben offensichtlich falschen Behauptungen enthält der Antrag eine Anzahl von groben Unsachlichkeiten und Unterstellungen.
a) Unsachlich ist es, einem Erzähler „Ausführlichkeit" vorzuwerfen. (_____) Die ganze epische
70 Weltliteratur ist „ausführlich". Einem Romancier anzukreiden, dass er keine Epigramme oder Aphorismen verfasst, das grenzt ans Lächerliche. Unsachlich ist ferner die Behauptung, die beanstandeten Passagen seien von betonter Ausführlichkeit. Die
75 Lektüre einer beliebigen Seite des inkriminierten Autors beweist eindeutig, dass Grass sexuelle Dinge nicht mehr und nicht weniger ausführlich erzählt als irgendwelche anderen Erscheinungen. Mit dem Wort „betont" soll offenbar das Gegenteil angedeu-
80 tet werden. Das ist eine Unterstellung.
b) Eine weitere Unterstellung liegt in dem „Schluss", die beanstandeten Darstellungen seien „nur des obszönen Reizes willen" aufgenommen worden. (_____) Es handelt sich um keinen
85 Schluss, sondern um eine Verdächtigung, die jenseits aller Logik liegt. Offenbar weiß Herr Dr. Englert nicht, was eine Schlussfolgerung ist.

Fortsetzung auf Seite 87

Günter Grass: Katz und Maus –
Eine jugendgefährdende Novelle?

c) Unsachlich ist die Phrase des Gutachters, es handle sich um „mehr oder weniger banale Begebenheiten". (_____) Die Frage, ob ein Schriftsteller
es vorzieht, über mehr banale oder über weniger
banale Begebenheiten zu schreiben, geht den hessischen Minister für Arbeit nichts an.

d) Unsachlich und von zweifelhafter sprachlicher
Qualität ist die Bemerkung, jene Begebenheiten
wiesen „ausschließlich negative Erscheinungen auf".
(_____) Sollte es in der Absicht des hessi-
schen Ministers für Arbeit liegen, die Welt in positi-
ve und negative Erscheinungen zu zerlegen und eine
Tabelle hierüber anzulegen, damit inskünftig jeder
Schriftsteller wisse, woran er sich zu halten habe?
Solange eine derartige amtliche Tabelle nicht vor-
liegt und Gesetzeskraft erlangt hat, sind Urteile der
Art, wie sie Herr Dr. Englert dem Gericht anbietet,
überflüssig und sinnlos.

3.
Die Methode der Antrags-„Begründung", aus dem
inkriminierten Werk einzelne Passagen herauszu-
pflücken und vom Ganzen gesondert zu beanstanden, zeugt nicht nur von einem Banausentum ohne-
gleichen, sie ignoriert auch vollständig die maßge-
benden Kommentare und die Rechtsprechung der
letzten fünfzehn Jahre. Diese Methode ist unstatt-
haft, wo es sich um Werke der Literatur handelt.

4.
Die Frage, ob es sich, im Sinn des Art. 5 Abs. 3 GG,
um ein literarisches Kunstwerk handle, wird in dem
Antrag des hessischen Ministers für Arbeit umgan-
gen. Mit einer gewissen unfreiwilligen Komik ge-
steht Herr Dr. Englert Günter Grass sogar zu, „eine

gewisse Fähigkeit und eine eigene Art des Schreibens" sei diesem Schriftsteller „nicht abzusprechen". Sein Buch könne aber „unter keinem Gesichtspunkt als der Kunst dienend … bewertet werden". (_____) Wie bei Herrn Dr. Englerts
Auffassung von der Sorgfaltspflicht eines Beamten
nicht weiter verwunderlich, operiert er auch hier
wieder mit einer schlichten Behauptung.

5.
Letzten Endes läuft die „Begründung" des Antrags
darauf hinaus, dass der Antragsteller nicht willens
oder nicht fähig ist, zwischen „Lotus", einem Mo-
natsblatt für Sonnensport (indiziert BAnz. 237), und
einem Werk der modernen Weltliteratur irgendeinen
qualitativen Unterschied zu machen.

6.
Dieses Verhalten des Antragstellers, möge es aus
Unfähigkeit oder aus bösem Willen entspringen,
widerspricht dem erklärten Willen des Gesetzgebers;
es widerspricht ferner nicht allein den Interessen der
deutschen Literatur, sondern den Grundvorausset-
zungen einer jeden demokratischen Gesellschaft und
damit auch den Interessen der Jugend, die durch das
anmaßende Gebaren einer Ministerialbürokratie, die
sich als Literaturkritik ex officio aufspielt, nicht
geschützt werden kann. Jugendgefährdend ist nicht
die Novelle „Katz und Maus" von Günter Grass,
sondern der Antrag des hessischen Ministers für
Arbeit, vertreten durch Herrn Dr. Englert.
gez. Hans Magnus Enzensberger

Hans Magnus Enzensberger, Gutachten über die Novelle „Katz und Maus", von Günter Grass […], 17.11.1962, zit. nach: ebd., S.136–139.

Aufgaben

2. Hans Magnus Enzensberger bezieht sich auf Textpassagen des Antrags.
   Tragen Sie in den Klammern die entsprechenden Zeilenangaben ein.

3. Untersuchen Sie die Strategien, mit denen Enzensberger sich gegen den Antrag
   und gegen den Antragsteller wendet. Geben Sie jeweils Textstellen an; z. B.:

   Er spricht Dr. Englert die Fachkompetenz ab. Z. … , Z. …

4. Nehmen Sie kritisch Stellung zu der These, nicht die Novelle sei jugendgefährdend,
   sondern der Antrag des hessischen Ministers für Arbeit. Beziehen Sie den Text der Novelle
   „Katz und Maus" in Ihre Argumentation ein.

Ulrich Tukur: Die Spieluhr – Literarische Vorbilder

Ulrich Tukur (geb. 1957) ist Schauspieler, Musiker und Autor.

Stefan Benz: In seiner ersten Novelle holt der Autor Ulrich Tukur den Schauspieler bei der Arbeit ab (2013)

Als Musiker huldigt der Schauspieler Ulrich Tukur schon länger den Schlagern der Zwanziger, als Autor verneigt er sich jetzt in seiner Novelle „Die Spieluhr" vor schauerromantischen Vorbildern des 19. Jahr-
5 hunderts – epigonal und dabei effektbewusst.

Als Schauspieler ist es Ulrich Tukur (56) ja gewohnt, zwischen den Welten zu wandern, sich Rolle um Rolle anzuverwandeln – von Andreas Baader über den jungen Herbert Wehner bis zu Helmut
10 Schmidt, von Dietrich Bonhoeffer über John Rabe zu Erwin Rommel. Multitalentierter Nebenberufsmusiker und Nachwuchsliterat, der er auch ist, hat er nach einer Kurzgeschichtensammlung nun eine Novelle vorgelegt, die von einem Schauspieler han-
15 delt, der die verschlingende Wirkung von Malerei und Musik surreal am eigenen Leib erfährt.

Es beginnt mit einem Künstlerdrama

In der Novelle „Die Spieluhr" holt der Literat Tukur den Schauspieler Tukur quasi bei der Arbeit ab.
20 Ausgangspunkt der Geschichte sind die Dreharbeiten an einem Künstlerdrama über die Naive Malerin Séraphine Louis (1864–1942), die 1912 vom deutschen Kunstsammler Wilhelm Uhde (1874–1947) entdeckt wurde. Vor sechs Jahren spielte Tukur den
25 später von den Nazis ausgebürgerten Kunstfreund, Yolande Moreau verkörperte die spirituell verschrobene Putzfrau Séraphine, die ihre Werke als göttliche Auftragsarbeit begriff und als Wahnsinnige in einer Nervenheilanstalt endete. Der Film erhielt
30 sieben französische César-Filmpreise.

Inspiriert von dieser Filmgeschichte fantasiert sich Tukur hinein in ein schauerromantisches Labyrinth. Auf der Suche nach einem Drehort verschwindet der Regieassistent, kehrt verstört zurück, berichtet von
35 einem Schloss im Wald und erhängt sich schließlich in einem Baum. Als Ich-Erzähler spürt der Schauspieler, der bisweilen verschmolzen scheint mit der Figur des Wilhelm Uhde, den wirren Erzählungen nach, die über die Figur der Séraphine zu einem
40 finsteren Marquis führen, einem Geiger und einer Cembalistin aus dem Rokoko, zu einem kindlichen Musikgenie und einem deutschen Wehrmachtsmajor. Kurz flackert sogar die Szene vom Freitod eines Generals auf, die an Tukurs Titelrolle im Fernseh-
45 film „Rommel" denken lässt. Doch dieser Bezug ist schon nicht mehr richtig zu greifen, an dieser Stelle hat die Geschichte längst einen hypnotischen Sog entwickelt, der alle vermeintlichen Gewissheiten gleich wieder wegreißt.

50 Diese Bannkraft besitzt der Text aber nicht von Anfang an. Wie Tukur innerlich leuchtende Gestalten im Waldschloss tanzen lässt, eine Tänzerin aus Samarkand und einen Magier aus Waziristan herbeizaubert, ihnen wortklingelnd märchenhafte Kulissen ausmalt, ist das zunächst ehrerbietig epigonal. „Die
55 Spieluhr" ist eine Hommage an literarische Vorbilder des 19. Jahrhunderts von der „Judenbuche" bis zum „Untergang des Hauses Usher". Es ließe sich auch an E.T.A Hoffmann und Franz Grillparzer denken. In seinem literarischen Debüt „Die Seerose
60 im Speisesaal" hatte der in Venedig lebende Schauspieler bereits vor sechs Jahren elf Kurzgeschichten vor meist venezianischer Kulisse entworfen und in diesem Zusammenhang Vorbilder wie Hoffmann, Gogol oder auch Thomas Mann hervorgehoben. In
65 seiner Novelle zitiert er nun selbst noch Calderón de la Barcas Lebenstraumtheater herbei.

Lockende Vorlage fürs Kino des Fantastischen

So wie Tukur mit seinen „Rhythmus Boys" die Schlager der Zwanziger und Dreißiger interpretiert,
70 imitiert er auch den Sound von Novellen der Romantik und des poetischen Realismus. Und bettet dabei musikalische Kommentare kenntnisreich ein. Beides betreibt er stilvoll bis zur alten Rechtschreibung und der antiquarischen Gestaltung des Einbandes. An-
75 fangs wirkt sein Stilbewusstsein noch etwas gesucht und gekünstelt. Doch je mehr sich das literarische Ich verliert in jenem Traumland, das hinter den Leinwänden des Kinos und der Maler liegen mag, je mehr sich die Wirklichkeit dem erzählerischen Zu-
80 griff zu entziehen scheint, desto mehr ist der Erzähler Tukur in seinem Element. Anfangs klingt seine „Spieluhr" noch nach beflissener Etüde aus einer fernen Zeit, am Ende hat sie den Klang eines zeitlosen Virtuosenstücks. Und das Buch, das mit Drehar-
85 beiten an einem Künstlerdrama beginnt, lockt seinerseits als Vorlage fürs Kino des Fantastischen.

Stefan Benz, In seiner ersten Novelle holt der Autor Ulrich Tukur den Schauspieler bei der Arbeit ab. In: Echo online, 25.11.2013, http://www.echo-online.de/freizeit/kunst-und-kultur/literatur/die-spieluhr-von-ulrich-tukur_15704532.htm (zuletzt aufgerufen am 6.11.2017).

Fortsetzung auf Seite 89

Ulrich Tukur: Die Spieluhr – Literarische Vorbilder

Aufgaben

1. Welche Informationen liefert der Text über den Autor Ulrich Tukur?

_____

_____

_____

_____

_____

_____

_____

_____

_____

_____

2. Welche Handlungsstränge der Novelle werden genannt?

_____

_____

_____

_____

_____

_____

_____

_____

_____

3. Untersuchen Sie, wie diese Handlungsstränge in der Novelle miteinander verwoben werden.

4. Erörtern Sie, ob sich die Novelle als Vorlage für eine Verfilmung eignet oder nicht.

  Fortsetzung auf Seite 90

Aus einem Interview mit Ulrich Tukur: „Ich lebe in einer Zwischenwelt"
(Interview: Matthias Halbig, 2013; Auszug)

In Ihrem Buch „Die Spieluhr" ist alles labyrinthisch, traum- und geisterhaft. Welche literarischen Vorläufer haben Sie inspiriert?

Ich bin mit den Märchen von Wilhelm Hauff und
5 Hans Christian Andersen groß geworden, den Spukgeschichten von E.T.A. Hoffmann und Edgar Allan Poe und den düsteren Novellen von Theodor Storm. All das hinterlässt Spuren und beeinflusst die Fantasie eines jungen Menschen nachhaltig. Die bedeu-
10 tendste Inspiration für meine Geschichte aber war mir das in Deutschland weitgehend unbekannte Buch „Der große Meaulnes" von Alain-Fournier, der 28-jährig bei Verdun gefallen ist. Auch er beschreibt das Verschwinden eines Schlosses, das aber nur von
15 Kindern bewohnt ist. […]

Was veranlasste Sie dazu, Ihre Novelle an die (Film-)Figuren Séraphine und Uhde zu binden?

Ich hatte während der Dreharbeiten [zu dem Film „Séraphine"], die zum Teil in einem alten französischen Schloss in der Picardie stattfanden, ein sehr 20
seltsames Erlebnis. In einem abgesperrten Trakt des Chateau Montgeroult, in den ich an einem dunklen Abend eingedrungen war, entdeckte ich ein Kind in einer uralten Bibliothek, das dort ganz alleine auf einem mächtigen Sofa saß und fernsah. Es kam mir 25 vor wie ein Wesen des 18. Jahrhunderts, das durch ein Loch in unsere moderne Welt schaute. Es stellte sich später heraus, dass es der Urenkel des Grafen war, dem das Schloss gehörte. Der Anblick dieses Kindes hat mich tief beeindruckt und wurde der 30 Auslöser der Geschichte; ein Schloss, ein blasser Knabe und die Lebensgeschichten zweier dahingegangener, hochinteressanter Menschen, die ich miteinander verwob.

Matthias Halbig / Ulrich Tukur, Ulrich Tukur: „Ich lebe in einer Zwischenwelt". In: Neue Presse (Hannover), 17.9.2013, www.neuepresse.de/Nachrichten/Kultur/Uebersicht/Ulrich-Tukur-Ich-lebe-in-einer-Zwischenwelt (zuletzt aufgerufen am 6.11.2017).

Aufgaben

5. Wie hat das Erlebnis bei den Dreharbeiten auf Ulrich Tukur gewirkt?

6. Untersuchen Sie, wie die Begegnung mit dem Urenkel des Grafen in der Novelle verarbeitet wird.

7. Welche literarischen Vorbilder der Novelle „Die Spieluhr" werden in den beiden Texten genannt? Recherchieren Sie im Internet zu den genannten Autoren und Texten und setzen Sie sie zu „Die Spieluhr" in Beziehung.

Illustration:
Petra Ballhorn, Berlin

Hartmut Lange: Das Haus in der Dorotheenstraße – Eine novellentypische Rahmenhandlung?

Der zentrale Handlungsstrang von Novellen ist häufig in einen Erzählrahmen eingebettet, der ganz unterschiedlich gestaltet sein kann. Manchmal schildert ein Erzähler, wie er von der Haupthandlung, der Binnenerzählung, erfahren hat (vgl. z.B. S. 43–47 Theodor Storm: Der Schimmelreiter). Manchmal ist aber auch die Rahmenhandlung Motivation, die zentrale Handlung zu schildern. Wie sieht dies in modernen Novellen aus? Tritt dort auch ein auktorialer Erzähler auf? Oder gibt es keine Rahmenerzählung mehr? Diesen Fragen gehen die folgenden Seiten anhand der Novelle „Das Haus in der Dorotheenstraße" (2013) von Hartmut Lange nach.

Aufgaben

1. Lesen Sie zunächst nur den Titel und formulieren Sie Ihre Erwartungen an die Novelle. Berücksichtigen Sie dabei Aspekte wie Figuren, Ort und Handlung bzw. Konflikt.

2. Lesen Sie das erste Kapitel der Novelle.
   a) Beschreiben Sie die zentralen Figuren, Orte und Handlungsmomente.
   b) Vergleichen Sie Ihre Leseerwartungen mit dem ersten Kapitel.
      Welche Aspekte haben Sie überrascht? Welche Ihrer Erwartungen wurden eingelöst?

Hartmut Lange: Das Haus in der Dorotheenstraße (2013)

1.

Der Teltowkanal verläuft, wie gesagt, im Süden Berlins gute siebenunddreißig Kilometer von der Havel bis zur Spree, und er wirkt, da er etwas zu eng geraten
5 ist, absolut schmucklos und besonders dort, wo er in östlicher Richtung die Ödnisse des Flachlands überwinden muss. Im Westen aber, wo er sich den Verwerfungen der Havelberge nähert, sind die Ufer, bevor der Kanal in den Griebnitzsee mündet, dicht
10 bewaldet, und die wenigen Häuser, die unmittelbar am Wasser stehen, wirken auf idyllische Weise abseits und als gäbe es dorthin keinerlei Zugang. Aber in ihrer Nähe, wenn auch versteckt, verläuft die Dorotheenstraße, die direkt zu den Grundstücken am Ka-
15 nalufer führt, und hier, in einer Villa, die von Buchen und Fichten umstanden war, wohnte das Ehepaar Klausen. Die beiden kannten sich aus der gemeinsamen Schulzeit, waren also, was ihre Eigenarten und Interessen betraf, über Jahre hinweg miteinander ver-
20 traut, und sie hatten mit dem Haus in der Dorotheenstraße etwas gefunden, das ihnen das Gefühl von Geborgenheit gab, so dass sie überlegten, ob es nicht vernünftig wäre, das Grundstück zu erwerben. Der Garten war verwildert, und die Fassaden hätte man
25 erneuern müssen. Wo der Putz breitflächig abgebröckelt war, zeigten sich hässliche Ziegel, aber die Vorderfront, eine gewölbte Wand mit langgestreckten Fenstern, wirkte auf moderne Weise elegant, beinahe wie ein Musterbeispiel aus dem Art déco.
30 Zugegeben, dies fiel niemandem auf, weil die Villa sozusagen, bedenkt man die Verkehrsanbindung, im Abseits lag. Nach Kohlhasenbrück konnte man nur mit einem Auto gelangen oder mit dem Bus, der alle halbe Stunde über den Teltowkanal fuhr, um in einem enggehaltenen Halbkreis, der die Endstation 35 bildete, zu wenden. Dahinter, in Richtung Norden, begann der Wald, und im Süden, wenn man auf der Nathanbrücke stand, sah man das überwucherte Kremnitzufer.

Gottfried Klausen war Korrespondent einer überre- 40 gionalen Tageszeitung, und er nahm seinen Beruf sehr ernst. Was er zu berichten hatte, musste klar und nachvollziehbar sein, so dass er gezwungen war, gründlich zu recherchieren. Er hatte, das wusste man in der Redaktion zu schätzen, einen überaus präzisen 45 Stil, und da er mehrere Sprachen beherrschte, schickte man ihn ins Ausland, etwa nach Rom oder Madrid, und irgendwann bat man ihn, die Vertretung in London zu übernehmen. Damit war er einverstanden, obwohl seine Frau erklärte, dass sie fürs Erste in Kohl- 50 hasenbrück, genauer, in dem Haus an der Dorotheenstraße, bleiben würde. „Wir haben keine Eile", sagte Klausen. „Und falls es mir in London gefällt und wir eine passende Wohnung finden, kommst du einfach nach." Man beratschlagte, wie man den Zustand der 55 Trennung, der unmittelbar bevorstand, möglichst rasch beenden könnte. Klausen packte seinen Koffer, Xenia fuhr ihren Mann nach Schönefeld, und als sich die beiden in der Flughafenhalle umarmten, dauerte dies etwas länger als gewöhnlich. 60

Hartmut Lange, Das Haus in der Dorotheenstraße. Diogenes Verlag, Zürich 2013, S. 73–75.

Fortsetzung auf Seite 92

Hartmut Lange: Das Haus in der Dorotheenstraße (2013)

6.

„Put out the light."

Diese Aufforderung ging Klausen nicht mehr aus dem Kopf. Er begann, fahrig zu werden, stellte Fra-
5 gen, die niemand beantworten konnte, oder gab Ratschläge, um die man ihn nicht gebeten hatte. Seiner Sekretärin diktierte er Texte, die er wieder zusammenstrich.

Und was auffiel: Er begann, schlampig zu recher-
10 chieren, ging auf die privaten Affären irgendwelcher Abgeordneter ein, und zuletzt interessierte er sich, obwohl er für die Belange der City zuständig war, nur noch für den Stimmungswechsel, der sich auf den Londoner Straßen um diese Jahreszeit vollzog.

15 Ob man schon einmal nach Einbruch der Dämme-
rung versucht hätte, die Umrisse des Big Ben zu erkennen, gab Gottfried Klausen zu bedenken. Oder ob man wüsste, wie sehr das Londoner Wetter die Umgebung verwischen würde, so dass man Mühe
20 hätte, sich zu orientieren. Es sei ein Gefühl, als hät-
ten sich die Dinge bis zur Unkenntlichkeit entfernt, schrieb Klausen, und es war vollkommen verständ-
lich, dass man dergleichen in Berlin, auch wenn man Gottfried Klausen schätzte, nicht kommentarlos
25 akzeptieren konnte.

„Was ist mit dir? Warum schickst du uns dieses Zeug?", wollte der Chefredakteur wissen, nachdem er den Text zur Kenntnis genommen hatte.

„Ich muss weg von hier", erklärte Klausen und in
30 einem Ton, der merkwürdig entschlossen klang.

Das Telefongespräch dauerte länger als gewöhnlich. Zunächst erklärte Klausen, dass es ihm wegen des Vulkanausbruchs unmöglich gewesen sei, in den Urlaub zu fliegen.

35 „Und vielleicht ist es das, was mich in London um-
treibt. Ich muss weg von hier", fügte er hinzu.

„Denn wenn man sich mit einer Gegend nicht an-
freunden kann, wird man auf sich selbst verwiesen. Man lernt sich kennen, und man erlebt, das kann ich
40 dir versichern, manch unangenehme Überraschung."

Eine Weile noch war der Chefredakteur bemüht, ihm gute Ratschläge zu geben, etwa wie man sich an der Themse, dies wisse er aus eigener Erfahrung, auch bei Regen bestens amüsieren könne. Aber was
45 immer er vorbrachte, wie sehr er sich auch bemühte, dem anderen die Vorzüge dieser Stadt schmackhaft zu machen, Gottfried Klausen bestand darauf, Lon-
don, und zwar so schnell wie möglich, zu verlassen.

„Gut", sagte der Chefredakteur. „Ich will sehen, was sich machen lässt. Aber wo willst du hin?" 50

„Völlig gleichgültig", antwortete Klausen und schlug vor, erst einmal nach Island zu fahren, um den Grimsvötn, der Heathrow lahmgelegt hatte, in Augenschein zu nehmen. „Das muss ein Aschefeld sein, das alles unter sich begraben hat", sagte er und 55 meinte, dass es sich lohnen würde, darüber eine Reportage zu schreiben.

Und das Haus in der Dorotheenstraße? War dies nicht der Ort, dem sich Klausen über Jahre hinweg und mit wachsender Zuneigung verbunden fühlte? 60 Und hätte er nicht allen Grund gehabt, statt nach Island mit dem nächstbesten Flugzeug nach Berlin zu fliegen, genauer, nach Kohlhasenbrück, in jene Gegend, in der der Linienbus mit der Nummer 118 Mühe hatte, auf holpriger Straße zu wenden? Und 65 war es überhaupt möglich, dass Gottfried Klausen, so wie sich die Verhältnisse nun einmal entwickelt hatten, dass er dort, als wäre nichts geschehen, wieder hätte auftauchen können, um wenigstens seine persönlichen Sachen zusammenzusuchen? 70

Was letztendlich geschah, wir wissen es nicht. Wir wissen nur, dass am Ufer des Teltowkanals, da es seit langem ungewöhnlich warm war, die Kastanien zu blühen begannen und dass man, wenn man auf der Nathanbrücke stand, Mühe hatte, durch die Kro-75 nen der Bäume hindurch jenes Haus zu erkennen, das wie immer hell erleuchtet war. Wer sich darin auskannte, der wusste, dass im oberen Stockwerk das Schlafzimmer, zwei kleinere Räume und ein Bad lagen, im Erdgeschoss die Küche, daneben das 80 Wohnzimmer mit dem Kamin. Hin und wieder hörte man ein Frauenlachen, und wer da lachte, der sollte sich nicht allzu sicher fühlen. Denn es war durchaus denkbar, dass irgendwann, nicht am Tage, sondern nachts, doch noch ein Auto vorfuhr und dass sich 85 jemand auf den Eingang zubewegte. Er besaß einen Schlüssel, war hier zu Hause, hatte also alles Recht, das zu tun, was er für nötig befand:

„Put out the light!", rief er, und wenig später, nach-
dem er eingetreten war, man hörte noch eine Tür 90 klappen, erloschen im Haus an der Dorotheenstraße die Lampen. Das Haus lag in völliger Dunkelheit.

*Hartmut Lange, Das Haus in der Dorotheenstraße. Diogenes Verlag,
Zürich 2013, S. 90–93.*

Fortsetzung von Seite 92   **Hartmut Lange: Das Haus in der Dorotheenstraße –
Eine novellentypische Rahmenhandlung?**

Aufgaben

3. Lesen Sie das sechste und letzte Kapitel der Novelle.
   a) Klären Sie, welche Handlungsaspekte Sie verstehen und welche Ihnen unklar bleiben.
   b) Stellen Sie Bezüge zwischen dem letzten und dem ersten Kapitel her.
      Welche Figuren, Orte und Konflikte tauchen wieder auf?

4. Entwerfen Sie eine mögliche Handlung der Novelle, indem Sie für die Kapitel 2 bis 5
   Handlungsschritte notieren. Berücksichtigen Sie dabei, welche Konflikte zwischen den Ehepartnern
   aufgrund der Trennung entstehen könnten, welche Rolle die Orte London, Island und Berlin
   (Haus in der Dorotheenstraße) spielen und welche Situationen die beiden Ehepartner an ihren
   jeweiligen Wohnorten erleben könnten.

Metzler Lexikon Literatur: Rahmenerzählung (2007; Auszug)

Erzählform, die in einer abschließenden epischen Einheit (dem Rahmen) eine fiktive Erzählsituation vorstellt, die zum Anlass einer oder mehrerer Binnenerzählungen wird. Der Typus Rahmenerzählung,
5 bei dem der zwischen Rahmengeschehen und fiktiver Zuhörerschaft vermittelnde Erzähler der Binnenhandlung auch als Figur der Rahmenhandlung erscheint, kann aus der Grundsituation allen Erzählens verstanden werden: ein mündlicher Erzähler als
10 Vermittler zwischen erzähltem Geschehen und Zuhörern. Man unterscheidet 1. die *gerahmte Einzelerzählung*, deren Rahmen oft als fingierte Quelle (z. B. Chronik, Tagebuch, Brief) Authentizität vortäuschen soll, und 2. die *zyklische Rahmenerzählung*, in der
15 verschiedene, thematisch mehr oder weniger verbundene Erzählungen (oft Novellen) zu einer Einheit zusammengefasst sind. […] Der Rahmen erscheint häufig nur als Klammer oder wird im Sinne einer Exposition bzw. Einstimmung ins Geschehen
20 verwendet. Darüber hinaus kann der Rahmen der Spannungsförderung und der Kontrastwirkung (gegensätzliche Zeiten, Gegenstände oder ethische Wertungen), der Erklärung motivischer oder assoziativer Verknüpfungen sowie der Motivierung bestimmter Darstellungsformen (z. B. Ich-Form, 25 Wechsel der Erzählstile oder Perspektiven) dienen. Der Grad der Verknüpfung zwischen Rahmen und Binnenerzählung ist ein ebenso wichtiges Element der Rahmenerzählung wie die jeweilige Kombination der Erzählrollen (einzelner Erzähler oder ver- 30 schiedene Erzähler). […] Die jeweiligen erzählperspektivischen Varianten schaffen eine Distanz zwischen Vorgängen der Binnenhandlung, fiktivem Adressaten und realem Leser, welche die Rahmenerzählung zum geeigneten Instrument für Verfrem- 35 dungseffekte, Ironie oder Kritik macht. […]

*Klaus Hübner, Rahmenerzählung. In: Metzler Lexikon Literatur.
Begriffe und Definitionen, begründet von Günther und Irmgard
Schweikle, hg. von Dieter Burdorf, Christoph Fasbender und Burkhard Moennighoff. 3., völlig neu bearb. Aufl. J. B. Metzler, Stuttgart,
Weimar 2007, S. 626.*

Aufgaben

5. Überprüfen Sie, ob in „Das Haus in der Dorotheenstraße" eine novellentypische Rahmenerzählung
   vorliegt.
   a) Unterstreichen Sie die wesentlichen Merkmale von Rahmenerzählungen im Lexikonartikel.
   b) Erörtern Sie, auf diese Informationen gestützt, ob das erste und letzte Kapitel eine typische
      Rahmenerzählung darstellen. Beziehen Sie, falls Sie die ganze Novelle gelesen haben, Ihre
      Kenntnis der Kapitel 2 bis 5 in Ihre Argumentation mit ein.

Lösungen

Seite 11
Christoph Martin Wieland: Das Hexameron von Rosenhain

zu 1:

Märchen	Novelle
aus glücklich gefundenen oder sinnreich erfundenen und lebhaft erzählten [...]	in einem alten, wenig bekannten spanischen Buche gelesen
im Dschinnistan der Perser [...] in einem andern idealischen oder utopischen Lande	[...] in unserer wirklichen Welt begeben habe, wo alles natürlich und begreiflich zugeht und die Begebenheiten [...] sich [...] alle Tage allenthalben zutragen könnten

Seite 12
August Wilhelm Schlegel: Vorlesungen über schöne Literatur und Kunst

zu 3:
- Die Novelle spielt in der wirklichen Welt (vgl. Z. 3 f.).
- Die Novelle zeigt den Menschen mit all seinen Stärken und Schwächen (vgl. Z. 6–10).
- In der Novelle können sowohl lustige als auch ernste Themen behandelt werden (vgl. Z. 1–3).

Seite 13
Friedrich Spielhagen: Novelle oder Roman?

zu 1:
1 mit fertigen Charakteren
2 besondere Verkettung der Umstände und Verhältnisse
3 interessanten Konflikt
4 allereigensten Natur zu offenbaren

Seite 17
Gustav Freytag: Die Technik des Dramas

zu 1:

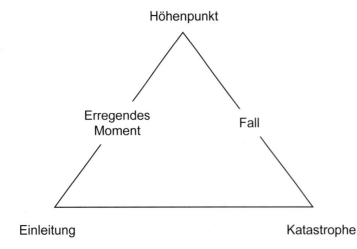

Seite 26
Annette von Droste-Hülshoff: Die Judenbuche

zu 3a):
1 A „Ach Gott, wenn der alles hielte, was er verspricht!"
2 C „Den hält der Teufel fest genug!"
3 D „Er steht vor der Tür und will dich holen, wenn du nicht ruhig bist!"
4 B „Da bringen sie mir das Schwein wieder!"

Seite 44
Theodor Storm: Der Schimmelreiter

zu 1b):
DREI

Seite 45
Theodor Storm: Der Schimmelreiter

zu 2a):

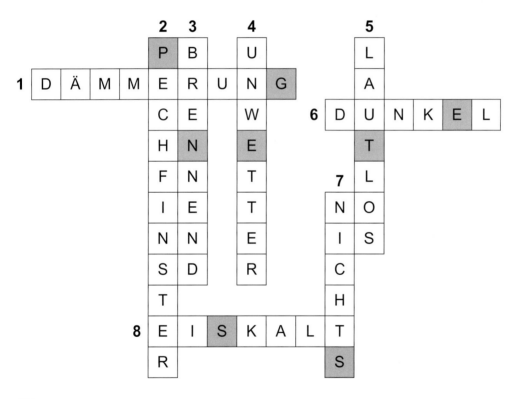

zu 2b):
GESPENST

Lösungen

Seite 46
Theodor Storm: Der Schimmelreiter

zu 3:
1. Erzähler: 1888; alter Mann; Ich-Erzähler
2. Erzähler: etwa 1830; Reiter; Ich-Erzähler
3. Erzähler: etwa 1830; alter Schulmeister; Er-Erzähler
Binnenhandlung: etwa 1750

Seite 52 f.
Theodor Storm: Der Schimmelreiter

zu 1:
1A, 2E, 3F, 4B, 5C, 6D

Seite 69
Heinrich von Kleist: Das Erdbeben in Chili

zu 1 und 2:
A Seite 67, Z. 1
 ‚Gewalt' (Verhaftung, Todesurteil)
 natürliche Liebe, Verbot, Übertretung, Gesetz, Strafe, Familie, Kirche, Staat
B Seite 73, Z. 15
 ‚Täuschung' (vermeintliche Rettung)
 ‚Frieden' (gegenseitige Unterstützung, Gleichberechtigung)
 Familie, natürliche Liebe
C Seite 77, Z. 29
 ‚Gewalt' (Lynchjustiz)
 Zufall, Kirche

Seite 71

zu 2:
einstürzte, versank, einzustürzen, Fall (2x), Zubodenstreckung, zusammenfiel, stürzte zusammen, sank nieder
Einsturz, zusammenfallende, herabfallenden, versunken, niedersinken, Sturz

Seite 80
Arthur Schnitzler: Casanovas Heimfahrt

zu 1:
1A, 2C, 3B, 4D

Seite 93
Hartmut Lange: Das Haus in der Dorotheenstraße

zu 5a):
Erzählform, die in einer abschließenden epischen Einheit (dem Rahmen) eine fiktive Erzählsituation vorstellt, die zum Anlass einer oder mehrerer Binnenerzählungen wird (Z. 1–4); der zwischen Rahmengeschehen und fiktiver Zuhörerschaft vermittelnde Erzähler der Binnenhandlung (Z. 5–7); gerahmte Einzelerzählung | zyklische Rahmenerzählung (Z. 11 f. | Z. 14); Exposition (Z. 19); Spannungsförderung | Kontrastwirkung (Z. 21); Erklärung motivischer oder assoziativer Verknüpfungen (Z. 23 f.); Wechsel der Erzählstile oder Perspektiven (Z. 26); Kombination der Erzählrollen (Z. 29 f.); Verfremdungseffekte, Ironie oder Kritik (Z. 35 f.)